Wolf-Dieter
v. Tippelskirch

Die Stunde der Germanen

Entscheidung im
Teutoburger Wald
Varus-Armin-
Germanicus

HOCH-VERLAG · DÜSSELDORF

Einband von Studio Schwarzat

Die in diesem Buch verwendeten Abbildungen und Zeichnungen stammen aus folgenden Quellen:

Rheinisches Landesmuseum, Bonn (Foto G. Olfen), Seite 36
Schiffahrtsmuseum im Stadtgeschichtlichen Museum Düsseldorf, Seite 102
Römisch-Germanisches Zentralmuseum, Mainz, Seite 31
Deutsches Archäologisches Institut, Rom, Seite 50
Mittelrheinisches Landesmuseum, Mainz, Seite 62
Museum für Vor- und Frühgeschichte, Frankfurt (Foto Otto Hoffritz, Schweinfurt), Seite 71
Karel Toman, Der Soldat im Wandel der Zeiten, Verlag Werner Dausin, Hanau/Main, Seiten 25, 57, 73
Limesmuseum Aalen, Seiten 98, 99
sowie weitere Abbildungen nach zeitgenössischen Vorlagen.

Die Abbildung auf der Titelseite stellt einen zu den Göttern betenden Germanen dar. Römisches Bronzefigürchen, Bibliothèque Nationale, Paris.

ISBN 3-7779-0234-9
© 1978 by HOCH-Verlag, Düsseldorf
Druck: Hub. Hoch, Düsseldorf

Inhalt

Zur Einleitung	5
Das Kastell	8
Das Sommerlager	13
Höhenfeuer	21
Die Schlacht	28
Zwischenspiel	38
Auftakt	48
Verbrannte Erde	54
Arminius und Germanicus	59
An den Langen Brücken	63
Böses oder gutes Omen?	75
Feindliche Brüder	78
Auf dem Idistavisofelde	85
Gewonnene Schlachten und doch kein Sieg	93
Es war ein böses Omen –	99
Ausklang	104
Anhang Germanien – Land und Leute und kurze historische Zusammenfassung	108
Erläuterungen Einige für dieses Buch wichtige Personennamen	109

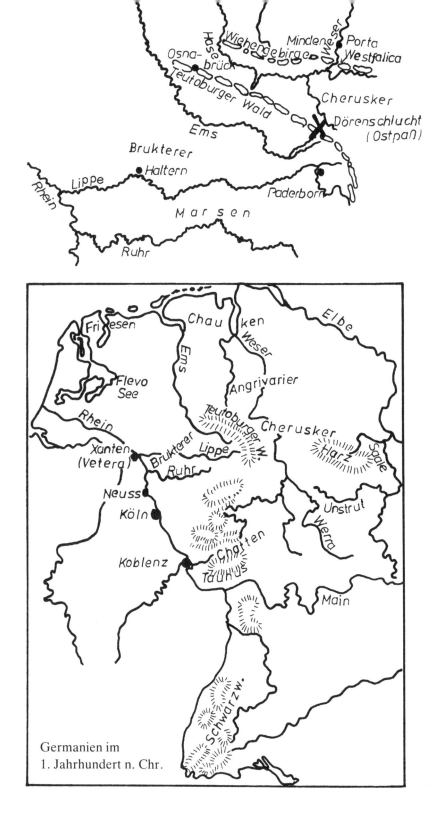

Germanien im 1. Jahrhundert n. Chr.

Zur Einleitung

Der Legat[*] Cäcina Severus – Cäcina der Strenge, besser übersetzt mit »Cäcina der Sture« – hielt zu Pferde am oberen Ende einer sich talwärts verbreiternden Schlucht. An seinem Standort gabelte sich die Straße: der eine Zweig des Weges führte links, der andere rechts oberhalb der Senke am Waldrand dahin.
Es war trockenes, warmes Wetter. – Sechs Jahre zuvor hatten schwere Wolken den Himmel bedeckt. Der dauernde Regen hatte den in der Tiefe der Schlucht strömenden Bach zum Fluß anschwellen lassen und den Boden schlüpfrig gemacht. Sechs Jahre zuvor hatten drei römische Legionen versucht, den Weg durch die Schlucht freizukämpfen. Sie waren gescheitert. Dort unten vorm Beginn des Engpasses lag das Lager, in das sie sich schließlich zu ihrem letzten Kampf zurückgezogen hatten.
Cäcina trieb sein Pferd an. Im Schutz einer Abteilung von Legionären ritt er talab.
Unter den Legionären war ein Soldat, der sechs Jahre zuvor die Erstürmung des Lagers erlebt, es aber verstanden hatte, der Gefangenschaft zu entgehen. Er konnte nun vom Untergang des Lagers berichten. Auf der Heide vorm unteren Ende des Passes wies er zu einer langen, von Gestrüpp überwucherten Erdaufschüttung hinüber.
»Das war der Wall. Der Einschnitt in der Mitte war die Porta prätoriana.«
Der Wall war sehr flach. Später beschrieb ihn ein römischer Historiker als die »murum semiruttum« – die von den einbrechenden Feinden niedergetrampelte Mauer.
Der Soldat führte seinen Legaten durch die Lücke des Walles. Jetzt lag vor ihnen ein rechteckiges Feld, auf dem hier und dort die Reste niedergebrochener Karren und lederner Zelte zu erkennen waren. Der Legat sagte:
»Es heißt, der Feldherr sei innerhalb des Lagers ums Leben gekommen. Weißt du die Stelle, wo es geschah?«
»Jawohl – dort drüben, nahe der Porta decumana, stürzte

---

[*] Der Rang eines Legaten entspricht dem Generalsrang späterer Zeiten. Näheres über militärische und andere Fachausdrücke findet sich im Kapitel ERLÄUTERUNGEN am Schluß des Buches.

sich der Feldherr in sein Schwert. Seine Sklaven versuchten, den Leichnam auf einem Scheiterhaufen einzuäschern. Aber der Feind drang ein, bevor sie ihr Werk vollenden konnten.«

»Dann müßten seine Gebeine jetzt noch auf dem Felde liegen. Würdest du sie erkennen?«

Als Antwort stieß der Soldat mit dem Fuß einen Büschel Heidekraut zur Seite – ein weiß gebleichter Knochen wurde sichtbar.

»Das ganze Feld ist bedeckt von den Gebeinen der Erschlagenen! Hier kann man keinen mehr erkennen.«

Sie fanden wahrhaftig Tausende von Toten. Aber dieses Lager der Toten war verhältnismäßig klein. Der Legat meinte: »Es faßte höchstens zwei Legionen.«

»Als wir dieses Lager schanzten«, erwiderte der Soldat, »war der Legat Vala Numonius mit der Reiterei bereits davongeritten. Und die Legionen selber waren stark zusammengeschmolzen. Das erste Lager, das wir vor Beginn der Schlacht schanzten, war viel größer. Wir mußten es aufgeben, eben weil wir nicht mehr zahlreich genug waren, um es verteidigen zu können.«

Das große Lager war nicht weit entfernt vom Lager der Toten. Bei diesem großen Lager waren Wall und Graben mit gewohnter Sorgfalt aufgeführt.

Der Soldat wußte dem Legaten aber nicht nur die Lager zu zeigen. Da war ein Eichenhain; von ihm berichtete er: »Das ist der Ort, an dem sie die Tribunen und die Centurionen erster Klasse dem Kriegsgott opferten.«

Man konnte nahe dem Hain auch noch die Spuren von Martergruben erkennen. Besonders an den römischen Amtswaltern, an den Liktoren zum Beispiel, an jenen Männern also, die Henkerbeil und Ruten trugen, hatten die Sieger vermeintliche oder tatsächlich erlittene Unbill gerächt.

»Sie stachen ihnen die Augen aus und hackten ihnen die Hände ab. Einem von ihnen nähten sie die Lippen zusammen; doch zuvor hatten sie ihm die Zunge ausgerissen. Einer der Barbaren warf dem Unglücklichen die Zunge ins Gesicht und schrie:

»Nun zische Natter, wenn du kannst!«

Während der Legat das Schlachtfeld besichtigte, marschierten seine Legionen durch den Paß herunter. Es waren insgesamt vier Legionen, dazu Reiterei und Auxiliarverbände. Das große Lager war für drei Legionen geschanzt worden. Bei diesen drei Legionen aber waren ein starker Troß und sehr viele Frauen und Kinder gewesen; darum war dieses Lager nun groß genug für Cäcinas vier Legionen.
Mit der römischen Legionären eigenen Präzision und Schnelligkeit wurden die Zelte aufgeschlagen und abgekocht. Dabei herrschte ungewöhnliche Stille.
Die Sonne versank. Nach fahler Dämmerung kam die Nacht. Bodennebel trieb über der Heide. Zwei Legionäre standen als Doppelposten auf dem Wall; von ihrem Standort konnten sie das Lager der Toten und den Eichenhain sehen. Der eine der beiden sagte:
»Hier zu stehen ist ein böses Omen! Vielleicht stand an gleicher Stelle einer, der jetzt dort drüben liegt? Glaubst du, daß diese rothaarigen Unholde in der Nähe sind?«
»Sie sind in der Nähe – das ist gewiß! Sie waren schon neben uns im Walde, als wir durch den Paß herunterzogen.«
Fern im Waldgebirge bellte ein Hund. Ein zweiter fiel ein; dieser zweite war dem Lager viel näher als der erste.
»Das sind ihre Hunde – riesige Bestien, die sie immer bei sich haben!«
»Glaubst du, daß sie uns angreifen werden – heute nacht?«
»Heute nacht, morgen nacht – irgendwann kommen sie!«
Im Südosten stieg der Mond empor – ein roter Mond über nachtschwarzen Höhenzügen. Dort unterm Mond mußte die Burg liegen, der Ringwall, der dem Bergwald seinen Namen gegeben hatte: Saltus teutoburgiensis – der Teutoburger Wald.

Genauso wie eben geschildert könnte es, ganz ähnlich muß es gewesen sein, als im Jahre 15 n. Chr. der Legat Cäcina mit vier Legionen herunterkam zu dem Ort, an dem der Konsul Quinctilius Varus mit seinem Heer im Jahre 9 von den Germanen besiegt worden war.

Vier Legionen waren vierundzwanzigtausend Mann. Dennoch kommandierte Cäcina nur einen Teil des ganzen römischen Heeres hier oben im Norden. Der andere Teil umfaßte noch einmal vier Legionen, zugehörige Reiterei und mindestens zehntausend Auxiliarier (Hilfsvölker). Das ganze Heer stand unter dem Befehl des dreißigjährigen Julius Cäsar Germanicus. Wie aber kam es, daß sich der Adoptivsohn des Kaisers Tiberius erst sechs Jahre nach der Katastrophe des Varus auf das Schlachtfeld wagte? Wie hatte es im Jahre 9 n. Chr. zur Vernichtung dreier Elitelegionen der römischen Rheinarmee kommen können? Und überhaupt: was suchten die Römer in diesem Land, in dem es keine Städte gab, sondern nur Dörfer, bestehend aus weit verstreuten Gehöften zwischen Urwald, Heide und Moor? Mit welchen Mitteln versuchten sie, diesem Volk von Bauern und insbesondere von Viehzüchtern ihren Willen aufzuzwingen? Was war der Grund für den Mißerfolg, der ihnen letztendlich widerfuhr?
Im vorliegenden Buch soll versucht werden, möglichst genaue Antworten auf diese Fragen zu geben. Es soll versucht werden, das Geschehen anschaulich zu machen. Dazu ist es freilich erforderlich, mitunter über die lückenhaften und manchmal einander widersprechenden Überlieferungen hinauszugehen. Natürlich darf man sich dabei nicht in Phantastereien verlieren. Aber es gibt ja seit jeher gültige Regeln der militärischen Logistik, des Nachschub- und Versorgungswesens. Und weil nun einmal die Unternehmungen der Römer in Germanien vorzüglich militärischen Charakter hatten, stellen diese Regeln eine sehr zuverlässige Richtschnur für die Rekonstruktion des Geschehens dar.

Das Kastell

Es war an einem Tag im Herbst des Jahres 9 n. Chr. Der Wald lag im rötlichen Licht der tiefstehenden Sonne. Es war Buchenwald; da wuchs das Unterholz nicht ganz so dicht wie anderswo in diesen fürchterlichen Urwäldern des Nordens. Der Weg, der als breite, ungepflasterte Spur nach Osten führte, lag menschenleer da. Doch von links her klangen Stimmen herauf. Dort unten floß die Lipsia – ein kleiner Fluß, immerhin breit und tief genug, Kähne bis zu zwölf Meter Länge zu tragen. Maultiere oder auch Sklaven schleppten, am Ufer dahintrottend, die Kähne mit Seilen flußauf.

Die Sonne sank tiefer. Bald glänzten nur noch die Kronen der Bäume im letzten Licht des Tagesgestirns. Hier und dort trieben Bodennebel zwischen den Stämmen. Und war da nicht eine kaum wahrnehmbare huschende Bewegung im Unterholz? Ein Tier –? Ein Mensch –? Es war gut, vor Einbruch der Nacht das Kastell zu erreichen!

Hinter einer Biegung führte der Weg aus dem Wald hinaus auf eine Rodung. Da standen zur Linken, am Ufer des Flusses, lange stroh- und reetgedeckte Lagerschuppen. Jenseits einer Bodenmulde erhob sich auf einem Hügel eine zweite Ansammlung von Gebäuden – das war das Kastell. Das war Aliso. Freilich – wer von dem weit vorgeschobenen Posten des Imperium Romanum, des römischen Weltreiches, ragende Mauern und mächtige Türme erwartet hatte, den mußte der Anblick enttäuschen.

Der ungefähr zwei Meter fünfzig hohe Wall der Festung war Erdwerk, an der Vorderseite mit Geflecht und Zinnen aus dem gleichen Material versehen. Vorm Wall war ein doppelter Graben; hinterm Wall standen zwei turmartige Holzgerüste, auf deren von Zeltdächern beschirmten Plattformen die mächtigen Standbogen ihren Platz hatten. Eine Erdbrücke, das heißt: ein Streifen stehengebliebenen Grundes führte zum Tor; es war ein Doppeltor, hatte also zwei von einem Wehrgang überbrückte Toröffnungen nebeneinander.

Wie einfach, ja primitiv dieses Befestigungswerk wirken mochte – das System aus Wall und Gräben war für jeden Angreifer eine tödliche Falle. Versuchte er über die Erdbrücke das Tor zu berennen, so geriet er in den Bereich der auf dem Wehrgang überm Tor postierten Wurfgeschütze und, da sich vorm Tor Wall und Graben zu einer Torgasse einwärts bogen, zudem in den Schuß- und Wurfbereich der Verteidiger auf den Wällen. Versuchte er den Sturm in breiter Front über die Gräben, so erreichten ihn im ersten Graben bereits die speerlangen Pfeile der Geschütze; der zweite Graben, unmittelbar vorm Wall, wurde in ganzer Länge von den Schützen hinter den Zinnen bestrichen. Hinterm Tor des Kastells war die Besatzung demnach sicher, selbst dann, wenn vorm Tor eine große Zahl von Gegnern erschien.

Hinterm Tor der Festung führte eine breite Straße zum Prätorium, zur Wohnung und zum Dienstsitz des kommandierenden Lagerpräfekten. Rechts und links der Straße lagen die Unterkünfte der Besatzung. Von Laubengängen vor den Längsseiten der Baracken führten bis zu fünfzehn Türen ins Innere der Gebäude. Durch jede der Türen kam man zunächst in einen ungefähr fünfzehn Quadratmeter großen Vorraum; hier stand ein Herd, hier lagerten die Waffen. Vom Vorraum gelangte man in die ungefähr zwanzig Quadratmeter große Schlafkammer. Da bis zu acht Mann in solcher Doppelkammer Quartier hatten, blieb für den einzelnen Legionär wahrhaftig nur sehr wenig Platz.

Einige Soldaten saßen unterm Vordach ihres Quartiers und reinigten ihre Waffen. Andere kochten im Vorraum auf dem Herd ihr Abendbrot. Doch einige Baracken lagen verlassen an jenem Abend, an dem auf der Lipsia noch immer Kähne den Hafen des Kastells erreichten. Die Besatzungen dieser Kasernen waren also noch immer im Einsatz. Sie sicherten den Schiffskonvoi. War das Routine? Oder lag Grund zu besonderer Wachsamkeit vor?

Es war Nacht geworden. Eine Zeitlang glosten unten am Hafen noch die Pechpfannen, schließlich verloschen auch diese. Nun waren im Kastell nur die Ronden, die von Unteroffizieren oder auch vom wachhabenden Centurio geführten Streifen, unterwegs. Auf dem Wall aber standen Doppelposten neben großen Stapeln von Wurfscheiben aus Stein oder Blei. Zum Teil waren diese Scheiben mit sinnigen Sprüchen versehen. Auf einer stand »salve« – sei gegrüßt. Eine andere Inschrift verzichtete selbst auf solche falsche Freundlichkeit – »ad ignem« war auf ihr zu lesen: das hieß

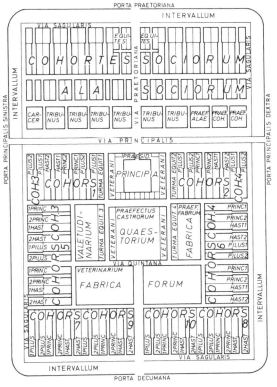

So oder ähnlich wie dieses Legionslager in Neuss um 50 n. Chr. dürften auch die Lager jenseits des Rheins ausgesehen haben.

»in die Fresse«!

Es war eine mondhelle, sehr kalte Nacht. Da schallte plötzlich vom Waldgebirge ein dumpfer, brüllender Ton herüber. Einer der Posten, ein noch sehr junger Rekrut, fuhr bei diesem Klang erschreckt zusammen. War das eines der germanischen Heerhörner? – Sein Kamerad lachte. Nein, das war kein Horn; das war ein brunftiger Hirsch, der seinen Kampfruf erschallen ließ. Ja, man mußte viel lernen, wenn man sich in diesen verwünschten nordischen Wäldern auskennen wollte!

Der Vollmond stand schon tief in Südwest, als der Posten am Tor jenseits der Erdbrücke das Blinken von Waffen zu erkennen glaubte. Er rief die Wache heraus. Sie spannten eines der Wurfgeschütze und legten einen Pfeil in die

Abschußrinne. Dann hörten sie das Klirren von Metall. Aber ihre Sorge war unbegründet. Eine schon lange erwartete Patrouille kam endlich zurück zum Kastell.
Die Patrouille hatte einen ungefähr dreizehnjährigen Jungen aufgegriffen. Es war einer dieser braunhäutigen Burschen, wie sie zu Hunderten die Vorstädte der römischen Militärlager bevölkerten – Strandgut, das die eiserne Woge der Legionen aus allen Teilen des Imperiums in die nordischen Wälder schwemmte. Doch was der Junge – und auch die Patrouille – zu melden hatte, war so wichtig, daß sich der wachhabende Centurio entschloß, den Lagerpräfekten zu wecken.
Lucius Cädicius, der Lagerpräfekt von Aliso, war ein unter Waffen ergrauter Mann. Ex caliga, aus den Soldatenstiefeln, hatte er sich zu seinem Rang emporgedient; diese Stellung entsprach mindestens dem Rang eines Obersten, wenn nicht gar dem eines Generals. Es sollte sich auch bald als sehr gut erweisen, daß ein kriegserfahrener Mann in Aliso kommandierte! Nun also meldete ihm die Patrouille, daß sie in den Wäldern weiter nach Osten hin eine große Viehherde beobachtet hätte. Was aber den Jungen betraf – der Bursche war vor Angst halb von Sinnen gewesen, als er der Patrouille in die Hände gelaufen war. Er hatte einem Händler gedient. Mit seinem Jungen und einigen anderen Kaufleuten war dieser Mann zu einem germanischen Dorf tief in den Wäldern gekommen. Aber entgegen jeder Gewohnheit hatten sie die Siedlung nicht betreten dürfen. Da hatte der Junge auf Geheiß seines Herren ausgeforscht, daß eine große Zahl ortsfremder, bewaffneter Männer im Dorf Quartier genommen hatte. Am nächsten Tag waren die Kaufleute überfallen worden, und nur der Junge hatte entkommen können.
An sich war es für Lucius Cädicius nichts Neues, von verdächtigen Ansammlungen in der Nähe des Kastells zu erfahren. Das Erlebnis des Jungen aber war die erste Gewalttat, von der er erfuhr. Das bestätigte seine schlimmsten Vermutungen.
Die Güter des am Tag zuvor zum Kastell gekommenen Schiffstransportes sollten in Aliso auf Tragtiere und Wagen

umgeladen werden. Sie waren Nachschub für das weit ins Innere des Landes vorgerückte Heer. Planten die Germanen einen Überfall auf die Lagerschuppen am Hafen oder auf die nur schwer zu schützende Transportkolonne? Wenn dies geschah, würde man dem Lagerpräfekten von Aliso Unvorsichtigkeit vorwerfen. Andererseits konnte es geschehen, daß man ihn der Zaghaftigkeit beschuldigte, hielt er den Transport zurück. Diese Zaghaftigkeit konnte immerhin dazu führen, daß der Feldherr mit dem ganzen Heer aus Mangel an Nachschub den Rückmarsch antreten mußte.

Lucius Cädicius beschloß, am folgenden Morgen eine Patrouille zu der nördlich des Kastells im Waldgebirge liegenden Germanenburg hinaufzuschicken; er mußte wissen, was sich dort oben zusammenbraute.

Das Sommerlager

Das Sommerlager der Römer lag im Jahre 9 n. Chr. an der Weser; das war bei weitem nicht die größte Entfernung, welche die Römer vom Rhein nach Osten hin jemals erreichten. Drusus Germanicus, der Neffe des Kaisers Augustus und Vater des Julius Germanicus, hatte die Fossa Drusina, den Drususgraben, vom Niederrhein zum Ijsselmeer und damit zur Nordsee bauen lassen. Seine Zwei- und Dreiruderer hatten die grünlichblauen Fluten des Meeres entlang der Küste Germaniens bis zur Elbmündung und bis zum Cimbrischen Chersones – dem späteren Schleswig-Holstein und Dänemark – befahren, waren auch weit elbeaufwärts vorgedrungen. An der Wesermündung, auf einer vorgelagerten Insel vermutlich, im Lande der römerfreundlichen Chauken, hatte er einen Militärposten eingerichtet. Und er selber war mit dem Heer über Land bis zur Elbe vorgestoßen. Auf einem solchen Zug war er schließlich mit dem Pferd gestürzt und an den Folgen des Sturzes irgendwo im Inneren Germaniens gestorben.

Das alles aber waren bewaffnete Aufklärungsvorstöße und nicht etwa Eroberungen gewesen. Stets waren die Römer von diesen Expeditionen zum Rhein zurückgekehrt. Und wenngleich sie auf diesen Zügen auch manche Kämpfe zu bestehen hatten, so waren die Germanen ihnen doch oftmals freundlich begegnet, ja, viele von ihnen hatten den Römern als Kundschafter und als Auxiliartruppen gedient. Die Unternehmung des Varus im Jahre 9 hingegen war von anderer Qualität als die vorangegangenen Expeditionen.

Quinctilius Varus war mit drei Legionen gekommen, um das Land endgültig zu unterwerfen. Nun erfuhren die Germanen, daß die fasces – die um den Stiel einer Axt gebündelten Ruten – nicht allein Schmuck und Rangabzeichen der Liktoren waren. Die Ruten dienten dazu, einen nur auf seine Körperkraft als Rechtsquelle pochenden Mann windelweich und unterwürfig zu prügeln. Die Axt aber wurde gebraucht, um einem Verurteilten die Hand, wenn nicht gar den Kopf abzuschlagen. So lehrte Quinctilius Varus die Germanen alle Vorzüge des römischen Rechtes.

Varus liebte es, selber Gericht zu halten. Er war ein vorzüglicher Jurist. Militärisches Genie nannte er wohl kaum sein eigen. Doch für die militärische Führung waren ihm gewiß sehr fähige Befehlshaber beigegeben worden. Da waren die Lagerpräfekten Lucius Eggius und Cejonius. Wie oben schon angedeutet, waren Lagerpräfekten nicht etwa blasse Verwaltungsbeamte, sondern im Dienst mit der Waffe ergraute Soldaten. Und da war der Legat Vala Numonius, der als sehr besonnen und tapfer galt. Schließlich aber – die XVII., die XVIII. und die XIX. Legion waren die besten Truppen, über welche das Imperium zu dieser Zeit verfügte.

So war aufs beste vorgesorgt für die Aufgabe, die Varus in Germanien erfüllen sollte. Und so war es durchaus nicht vermessen, wenn Varus allem Anschein nach plante, weitab von den großen Standlagern am Rhein, tief im Inneren Germaniens, zu überwintern. Dann aber kamen jene Nachrichten, die im vorigen Kapitel angedeutet wurden.

Versuchen wir uns vorzustellen, wie Varus etwa mit dem Legaten Vala Numonius über diese Nachrichten beriet.

»Vala Numonius«, fragte der Konsul, »hast du Neues über die Lage an der Lipsia erfahren?«

»Gewiß – und nichts Erfreuliches!« erwiderte der Legat. »Zwar meldet Lucius Cädicius aus Aliso, daß der Schiffstransport unbehelligt durchgekommen sei. Doch er spricht auch von zunehmender Unruhe unter den Marsen und Bructerern westlich des Kastells. Dein Neffe, der Legionsführer Asprenas im großen Lager zwischen Aliso und dem Rhein, hat Gleiches festgestellt. Er fügt hinzu, daß auch die noch weiter westlich wohnenden Tencterer und Usipeter verdächtige Vorbereitungen träfen. Asprenas meint, daß er es nicht mehr wagen könne, Transporte die Lipsia aufwärts zu schicken. Er habe nicht genügend Truppen, die Standlager und zugleich die Transporte ausreichend zu sichern.«

»Was ist mit den Chatten?«

»Von denen ist nichts zu melden. Was aber die Cherusker angeht: Cädicius hat eine Patrouille hinauf zur Teutoburg gesandt. Sie ist anstandslos eingelassen worden, meldet jedoch, daß auf der Burg eine große Herde von Schlachtvieh eingetroffen sei.«

»Was meinst du dazu?«

»Die Teutoburg gehört dem Segimer, einem engen Vertrauten des Arminius.«

»Eben! Der Schwiegervater des Arminius, der Segestes, ist bei mir gewesen und hat mich gewarnt. Er behauptet, bei all dem, was an der Lipsia geschehe, habe Arminius die Hand im Spiele. Er hat mir vorgeschlagen, ich solle den Arminius, aber auch – als Unterpfand seiner Ehrlichkeit – ihn selber in Ketten legen lassen, bis sich herausstelle, was wirklich vor sich geht.«

»Tust du es nicht?«

»Ich glaube, es wäre ein Fehler! Arminius ist römischer Ritter und Bürger; er hat uns bisher treu gedient. Das könnte mich schließlich nicht abhalten, den Rat des Segestes zu befolgen; jedoch – du weißt, daß die beiden tödlich verfeindet sind. Woher weiß ich, ob der Segestes nicht versucht, mich für höchst eigenmächtige Zwecke einzuspannen? Woher weiß ich, daß er nicht versucht, in einer gefährlichen Situation einen uns treu Ergebenen auszuschalten? Weiß ich denn genau, ob nicht der Segestes zu den Verschwörern gehört?«

»Nein – bei den Germanen weiß man nie genau, woran man ist.«

»Ist der Arminius im Lager?«

»Zur Zeit nicht – –«

»Dann laß ihn mir vorführen, sobald er kommt – *wenn* er kommt!«

Stellen wir uns vor, daß noch am gleichen Tag, an dem wir das obige Gespräch stattfinden ließen, ein Reitertrupp sich von Osten her dem Lager näherte. Es mochten vielleicht fünf Berittene sein – der Führer, zwei ältere Krieger und zwei kaum dem Knabenalter entwachsene Jünglinge.

Den beiden älteren Kriegern und den beiden Jungen sah man auf den ersten Blick an, daß es Germanen waren. Doch den Führer der Schar hätte man beim ersten Augenschein für einen Römer halten können. Er trug einen römischen Brustpanzer und darauf mehrere Phalerä, das waren römische Tapferkeitsmedaillen. Er trug auch einen römischen Helm. Und vielleicht gar schmückte diesen Helm die in Metall getriebene Nachbildung eines Eichenkranzes. Ein solcher Kranz war die höchste Tapferkeitsauszeichnung, die man im Dienste des Imperium Romanum erringen konnte; es war die Bürgerkrone. Sie bedeutete, daß der Träger einem römischen Bürger im Kampf das Leben gerettet hatte.

Zu einer solchen Tat hätte der Mann, von dem hier die Rede ist, freilich oftmals Gelegenheit gehabt. Er war zwar von Geburt kein Römer. Doch er hatte in Dalmatien und Pannonien als Führer germanischer Auxiliarier gekämpft. Zum Lohn für seine Verdienste war er in die Gens arminia, in die römische Ritterschaft, aufgenommen worden. Seitdem wurde er von den Römern Arminius genannt.

Der Reitertrupp erreichte den Fluß, der hier, nachdem er sich den Weg durchs Gebirge erkämpft hatte, mit mehreren Armen sandige Inseln umschloß. Die Reiter durchquerten die flachen Nebenarme. An dem breiten und tiefen Hauptlauf erwartete sie ein großes Floß als Fähre. Während

Arminius und die beiden älteren Krieger das plumpe Fahrzeug benutzten, stürzten sich die beiden Jungen zu Pferde in die hochaufspritzende Flut. Arminius sagte lächelnd zu seinen beiden Begleitern:
»Glaubt ihr, daß es diesen Jungen gefiele, wenn Varus sie von seinen Liktoren mit der Rute zu gehorsamen römischen Bürgern erziehen ließe?«

Am jenseitigen Ufer lag das Lager.
Als Rechteck von ca. 500 zu 700 Schritt Seitenlänge umgaben Wall und Graben die ganze Anlage. In einiger Entfernung erhob sich vorm Wall eine Ansammlung von Zelten und Hütten. Das war die Canabä – die Vorstadt, die in der Nähe aller größeren römischen Militärlager zu finden war. In dieser Vorstadt kampierten Händler, Gaukler und Frauen. Zwar durften Legionäre nicht heiraten; doch ohne Frauen kamen auch sie nicht aus. Und so gab es in der Canabä stets eine große Anzahl von Kindern.
Im Gegensatz zu den recht unordentlich erstellten Gebäuden der Canabä zeigte die Architektur im Inneren des Lagers die strengen Züge römischen Ordnungssinnes. Anfangs hatten hier die Mannschaftszelte gestanden, doch waren diese nun schon an vielen Stellen durch feste Baracken ersetzt worden.
Einer der Begleiter des Arminius sagte, als er Lager und Canabä erblickte:
»Es sieht wahrhaftig aus, als wollten sie für alle Zeiten bleiben!«
Vier Tore befanden sich in der Umwallung. Arminius und seine Begleiter kamen zum Haupttor am Fluß, zur Porta prätoriana. Die wachhabenden Legionäre kannten den Cheruskerfürsten und ließen ihn ohne weiteres passieren.
Hinterm Tor führte die Via prätoriana zum Prätorium in der Mitte des Lagers. Dort erwartete ein Tribun die Reiter. Er war noch jung; offenbar verdankte er seinen hohen Rang der Zugehörigkeit zu einer vornehmen römischen Familie.
»Salve, Arminius!« sagte er. »Folge mir! Der Konsul wünscht mit dir zu sprechen.«
Da sagte einer der älteren Krieger mit unterdrückter

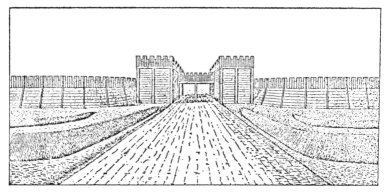

Das Südtor von Vetera I. (Xanten). – Rekonstruktion.

Stimme zu dem Cheruskerfürsten:
»Mögen es die Götter fügen, daß du dieses Haus als freier Mann verläßt!«
Nehmen wir an, daß sich Varus auch beim Erscheinen des Cheruskers in der Gesellschaft des Vala Numonius befand.
»Salve, Arminius!« sagte der Konsul. »Es freut mich, dich zu sehen!«
»Salve!« erwiderte der Germane. »Ich bin stets zur Stelle, wenn du mich brauchst.«
»Nun ja, in den vergangenen Tagen bist du allerdings nicht im Lager gewesen. Hattest du wichtige Geschäfte?«
»Gewiß! Es ist bekannt geworden, daß man in meinem Gefolge Beute und Ansehen gewinnen kann. Es kommen viele, um sich mir anzuschließen. Ich mußte Vorsorge treffen.«
»Gilt das auch für andere – für deinen Oheim Segimer zum Beispiel? Mir wurde gemeldet, daß in seiner Burg eine große Herde Schlachtvieh gehalten werde.«
»Das ist sogar auf meine Veranlassung geschehen! Viele Mäuler müssen gestopft werden.«
»Und wozu gedenkst du solch zahlreiches Gefolge zu gebrauchen?«
»In spätestens drei Tagen werden bei den Bructerern, bei den Marsen, bei den Tencterern und den Usipetern die Höhenfeuer brennen!«
»Was soll das heißen?«

»Das heißt: in spätestens drei Tagen beginnt der Aufstand, den dir deine Späher und Vertrauensleute gewiß schon angekündigt haben.«
»Woher weißt du das?«
»Man hat mich aufgefordert, an diesem Aufstand teilzunehmen.«
»Wer hat das getan?«
»Muß ich dir die Namen der führenden Männer jener Stämme nennen?«
Es blieb für einen Augenblick still nach diesen Worten. Dann trat Varus dicht an den ihn fast um Haupteslänge überragenden Cherusker heran und sagte mit unterdrückter Stimme:
»Man hat mich vor dir gewarnt!«
»Ich weiß! Ich könnte dir auch sagen, wer es getan und warum er es getan hat. Ich kann dir sagen, daß ich nicht nur trotz, sondern gerade wegen dieser Verdächtigung zurückgekommen bin, so schnell ich konnte.«
»Und was hast du sonst noch zu sagen?«
»Romanus sum – ich bin ein Römer! Ich bin römischer Ritter mit allen Pflichten, die sich daraus ergeben!« – Aus den Augenwinkeln sah der Cherusker, daß bei dieser Erwiderung ein sarkastisches Lächeln um die Lippen des Vala Numonius spielte. Da lächelte er ebenfalls und sagte:
»Auch mit allen Vorteilen, die mir meine Stellung bietet –!«
Vala Numonius stutzte. Varus trat einen Schritt zurück und sagte:
»Ich danke dir, Arminius; du magst dich jetzt entfernen. Später erwarte ich dich zum Essen an meinem Tisch.«
Der Cherusker verließ den Raum.
»Was meinst du zu seinen Worten?« fragte Varus, sobald er mit dem Legaten allein war. Vala Numonius erwiderte nachdenklich:
»Ich mißtraue blauäugiger Treuherzigkeit. Sein ›Romanus sum‹ und sein Bekenntnis zu den Pflichten eines römischen Ritters konnten meinen Argwohn nur verstärken. Doch wenn er von seinen Vorteilen spricht, so hat er recht! Es gibt niemanden, der ebenso habgierig ist wie diese Germanen. Wenn sie sich seinem Gefolge anschließen, so tun sie es

wahrhaftig nur, weil sie sich davon reiche Beute versprechen. Nun, was gewönne er, wenn er zusammen mit den Aufständischen unseren Nachschub abschnitte? Getreide? – Darauf sind seine Schlagetote gewiß nicht begierig! Sklaven? – An wen könnte er Kriegsgefangene mit größerem Gewinn verkaufen als an uns?«
»Du meinst also ––?«
»Ich meine, daß er als römischer Verbündeter Jagd auf Bructerer, Marsen und wen immer sonst machen will!«
»Dazu soll er ausgiebig Gelegenheit bekommen! Wahrhaftig, jeder, der mit uns ist, soll im Lande der Bructerer und der Marsen, der Tencterer und der Usipeter heeren können nach Herzenslust!«

Kein Mensch kann heute noch sagen, ob Quinctilius Varus im Jahre 9 wahrhaftig so gesprochen hat, wie wir ihn oben sprechen ließen. Noch nicht einmal zu Zeiten des Kaisers Augustus wußte man genau Bescheid über die letzten Pläne und Gedanken des Statthalters; denn er selber und alle maßgebenden Männer seiner Umgebung konnten nicht mehr Zeugnis geben. Es fragt sich damit, warum das obige Gespräch überhaupt geschrieben wurde. Die Begründung dafür läßt sich ableiten aus der Frage: War Quinctilius Varus wirklich der Dummkopf und Ignorant, als der er später immer wieder dargestellt wurde? Wir weigern uns, daran zu glauben! Wir möchten nämlich nicht annehmen, daß der Kaiser Augustus selber ein Dummkopf gewesen sei! Denn wie anders hätte es sein können, hätte Augustus wahrhaftig einen vollendeten Tölpel auf den hochwichtigen Posten eines Statthalters am Rhein entsandt?
Wir meinen also, daß Varus und seine zweifellos tüchtigen Ratgeber wichtige Gründe für alle ihre Maßnahmen hatten. Um dies möglichst einleuchtend darzutun, haben wir das obige Gespräch erfunden. Wir befinden uns, wenn wir so verfahren, in bester Gesellschaft! Fast alle bedeutenden antiken Autoren haben Reden oder Gespräche erfunden, wenn sie ein Geschehen erklären wollten. Manchmal haben sie sogar – Tacitus etwa – Reden erfunden, wie sie nach Lage der Dinge gewiß nicht gehalten worden sind. Wir kommen

später darauf zurück. Wir selbst wollen uns bemühen, solche Ungereimtheiten zu vermeiden. Aber wir wollen uns auch weiterhin – und allem historischen Purismus zum Trotz – bemühen, die Geschehnisse so zu schildern, wie wir sie als lebendige Ereignisse vor uns sehen.

Höhenfeuer

Das Lager an der Weser war nicht zu halten, wenn nicht ungestörte Nachschub- und Nachrichtenverbindungen zum großen Standlager Vetera – Xanten – am Rhein bestanden. Aus diesem Grunde sah sich Varus, noch bevor ein Schwertstreich gefallen war, zum Rückzug gezwungen. Daß es ein Rückzug und nicht etwa eine Strafexpedition war, geht daraus hervor, daß Varus nach allen Quellen auf diesem Marsch die Frauen und Kinder aus der Canabä bei sich hatte. Diese hätte er auf eine Strafexpedition gewiß nicht mitgenommen. Daraus aber folgt weiter, daß die Aufständischen nicht ostwärts, sondern westwärts des Lagers beheimatet waren. Oben wurden als die Aufständischen Bructerer, Marsen, Tencterer und Usipeter genannt. Aus den Quellen der Überlieferung fließt diese Angabe direkt nicht. Aber sie läßt sich schließen aus der uns sehr einleuchtend erscheinenden Behauptung, daß die militärischen Ratgeber des Varus ihr Handwerk verstanden. Es wird ja immer wieder berichtet, daß die Kolonne des Varus nicht gefechtsbereit marschiert wäre. Diesen geradezu kindischen Fehler hätten die Befehlshaber gewiß nicht gemacht, hätten sie nicht erst weit im Westen, sondern von allem Anfang an mit Angriffen gerechnet. Weit im Westen, jenseits von Aliso, waren die Wohnsitze der erwähnten Völkerschaften.

Es war im Herbst – es muß im Herbst gewesen sein! Sollte der Aufstand Erfolg haben, so mußte er ja mit ausreichend starken Kräften unternommen werden, das heißt: bei den genannten Stämmen mußte das Volksaufgebot ausgerufen werden. Das aber geschah, wenn man die Wahl des Zeit-

punktes hatte, gewiß erst nach der Ernte.
Es nahm zweifellos Tage, wenn nicht eine ganze Woche Zeit in Anspruch, ein so großes Lager wie das des Varus abzubrechen und alle Wagen und Tragetiere zu beladen. Es waren an die 30 000 Menschen, die sich endlich in Bewegung setzten. Das ergab eine Marschkolonne von mindestens vierzehn Kilometer Länge.
Auf dem nur wenig befestigten Weg kam man nur langsam voran – vielleicht drei Kilometer in der Stunde. So war es früher Nachmittag geworden, bevor die Nachhut das Lager an der Weser verließ. Um diese Zeit hatte die Spitze den größten Teil des Tagesmarsches von höchstens sechzehn Kilometern bereits hinter sich. Und sie hatte die Enge des Stromdurchbruches durch das Gebirge längst passiert.
Nachweislich lag kurz hinter der Enge im Winkel zwischen Strom und einem kleinen, hier mündenden Fluß ein germanisches Dorf. Vom Vormittag bis zum späten Nachmittag sahen die Bewohner dieses Dorfes den Heereszug vorüberziehen. Sie sahen auch den Feldherrn Varus und in seiner Begleitung eine Schar germanischer Fürsten. Arminius war unter diesen.
Als Varus am Nachmittag das erste Standlager erreichte, baten ihn die germanischen Begleiter um Urlaub. Sie müßten vorausreiten, um sich um ihre sicherlich schon auf den vereinbarten Sammelplätzen eintreffenden Leute zu kümmern. Varus sah keinen Grund, diese Bitten um Entlassung abzuschlagen.
Die Bewohner des Germanendorfes dürften den Abzug des Heeres mit Genugtuung beobachtet haben. Das Gegenteil galt für die römischen Soldaten in dem kleinen Kastell, das sich nach aller militärischen Notwendigkeit über der Flußenge befunden haben muß. Sie nämlich hatten Befehl, auf ihrem Posten zu überwintern. Ist es wirklich schwer, sich ihre Gefühle und Gedanken vorzustellen?
Da standen am Nachmittag dieses Tages zwei Legionäre am Tor des Kastells. Der jüngere der beiden sagte unzufrieden: »Daß es ausgerechnet uns treffen mußte! Bei allen Göttern, das wird eine wenig unterhaltsame Zeit werden! Bisher kam man wenigstens ab und zu hinunter ins Sommerlager. Ich

kannte in der Canabä eine Armenierin – die hätte mir die Langeweile des Winters gut vertrieben!«

»Im Winter und schon während der Herbststürme wäre dir selbst der Weg hinunter ins Sommerlager als zu lang und mühsam erschienen«, erwiderte sein Kamerad. Der Jüngere machte ein zweifelndes Gesicht.

»Ich verstehe nicht, warum ihr dauernd über das Wetter schimpft! Schau dich nur um! Das Wetter könnte nicht besser sein.«

Es war in der Tat sehr warm. Den ganzen Tag über hatte nicht eine Wolke am Himmel gestanden. Und nun, da es auf den Abend ging, trübte auch nicht der leiseste Dunst den Blick in die Ferne. Bei solchem Wetter war sogar dieses wilde Land von großem Reiz.

Nach Süden hin lag zu Füßen des Kastells eine dicht mit Laubwald bewachsene wellige Ebene; erst weit im Südwesten begrenzten in dieser Richtung blau schimmernde Höhenzüge den Blick. Auch im Osten und Südosten erhoben sich bewaldete Berge. Nach Norden schweifte der Blick in schier grenzenlose Ferne.

»Wenn es nur immer so bliebe!« sagte der Ältere der beiden Legionäre. »In diesem Land aber ist das Wetter so trügerisch wie der Sinn der Bewohner. Ein Germane plant Übles, wenn er ein freundliches Gesicht zeigt! Und eine solche Fernsicht ist hierzulande ein sicheres Zeichen für einen Wettersturz.«

Wahrhaftig – schon in der folgenden Nacht kamen aus Südwest dicke Wolkenfelder heran. Der folgende Tag begann mit jagendem Sturm. Nun war der Blick in die Ferne verhängt von Nebeln und peitschendem Regen. Erst gegen Abend klarte es ein wenig auf. Freilich trieben auch jetzt noch immer wieder dicke Wolken daher.

Früh brach die Dunkelheit herein.

Nach einer letzten Runde über den Wall zog sich der befehlsführende Centurio in sein Quartier zurück. Doch sollte ihm keine ungestörte Nachtruhe beschieden sein. Gegen Mitternacht wurde er vom Wachhabenden geweckt und auf den Wall geleitet. Es war nicht etwa blinder Alarm! – Über dem Felsabsturz jenseits der Stromenge lohte ein

Feuer. Mit scharfem Auge konnte man etwa ein halbes Dutzend menschlicher Gestalten um die Flammen laufen sehen.

Das Feuer jenseits des Stromes war nicht das einzige, das man vom Kastell aus beobachten konnte. Auch auf den Bergen im Osten und Südosten lohte es. Und weit in der Ferne im Westen und Südwesten waren ebenfalls Brände zu sehen.

»Signalfeuer!« sagte der Centurio. Er schaute nach Norden. Dort, wo das Sommerlager gewesen war, herrschte tiefe Dunkelheit. Einmal glaubte der Centurio weit im Nordosten, draußen in der Ebene, einen rötlichen Schein zu erkennen. Doch war der Schimmer so schwach, daß es der Offizier schließlich für eine Sinnestäuschung hielt.

»Sei es drum! Was dort im Süden vor sich geht, ist schlimm genug!«

»Was bedeutet es?« fragte einer der auf dem Wall stehenden Legionäre. Der Centurio erwiderte: »Mit diesen Feuern rufen sie ihre Leute zum Kampf!«

Dann wandte er sich an den Unteroffizier: »Alarm für die ganze Besatzung. Die Unteroffiziere zum Befehlsempfang in mein Quartier!«

Es war jetzt von größter Wichtigkeit, herauszufinden, was in der näheren Umgebung des Kastells vor sich ging. Der Centurio sandte Patrouillen aus – eine zum ehemaligen Sommerlager, eine zum Germanendorf zwischen Fluß und Strom und die dritte zum Höhenfeuer jenseits des Stroms.

Als erster ließ der Führer der zum Germanendorf entsandten Patrouille von sich hören. Sein Melder berichtete, das Dorf wäre verlassen, sogar das Vieh hätten die Bewohner davongetrieben. Dann kehrte die zum Lager entsandte Patrouille zurück. Mit ihr kamen ein Unteroffizier und drei Reiter von einer der Auxiliarierabteilungen. Der Führer der Reiter berichtete:

»Wir hatten das Sommerlager vor einer Woche verlassen, um in einem Dorf jenseits des Stromes einen dort angeblich festgehaltenen Räuber abzuholen. Wir waren zehn Mann. Von einem Räuber sahen wir nichts. Dafür warteten im Dorf ein halbes Hundert bewaffneter Germanen auf uns.

Centurionen mit Tapferkeitsmedaillen auf der Brust und Signifer (Feldzeichenträger).

Wir vier konnten uns zum Lager durchschlagen. Wir fanden es leer.«
»Habt ihr unterwegs noch mehr bewaffnete Germanen gesehen?«
»Es wimmelt davon in den Wäldern! Da ist ein ganz übles Ding im Werden!«
»Nun gut – vielleicht gelingt es, einen von den Germanen dort drüben am Signalfeuer zu fangen. Dann dürften wir klarer sehen.«
Doch von der zum Signalfeuer entsandten Patrouille kehrte keiner zurück zum Kastell.
Gegen die fünfte Stunde kam die zum Germanendorf entsandte Streife herein. Sie hatten den Diener eines Händlers aus der Canabä bei sich. Den wirren Reden des Verängstigten konnte man entnehmen, daß die Marschkolonne des abziehenden Heeres bereits am vergangenen Nachmittag von Germanen angegriffen worden war. Alle,

auch sein Herr, wären erschlagen worden.
»Glaubst du ihm?« fragte der die Patrouille führende Unteroffizier. »Ich meine: glaubst du, daß sie das ganze Heer vernichtet haben?«
»Unsinn!« erwiderte der Centurio. »Er muß zu einem zurückgebliebenen Trupp gehört haben. Immerhin wissen wir nun einigermaßen, woran wir sind.«
Er befahl, die Sehnen der beiden Standarmbrüste am Tor aufziehen zu lassen; solches geschah immer nur kurz vorm Kampf. Denn bei der im Lande herrschenden feuchten Witterung wären die Sehnen sehr schnell schlapp und damit unbrauchbar geworden, hätte man sie dauernd am Geschütz gelassen. Kaum war das Geschütz auf diese Weise feuerbereit gemacht worden, so schien es, als sollte es auch schon in Aktion treten müssen. Man hörte das Klirren von Waffen auf dem zum Tor heraufführenden Weg. Dann erst gaben sich die Ankömmlinge als eigene Leute zu erkennen. Es waren neun Legionäre und ein Optio (Feldwebel) von der XVII. Legion. Einige von ihnen waren verwundet; alle waren zu Tode erschöpft. Doch mit dem Optio kam ein Mann, der klaren Kopfes über die Geschehnisse des vergangenen Tages berichten konnte.
»Wir verließen gegen Mittag das Marschlager als letzte Einheit des Fußvolkes. Wir marschierten zunächst unbehelligt, wenn auch mühsam bei dem dauernden Regen und dem schlechten Weg. Nach einer Stunde ungefähr kam ein Meldereiter von vorn mit der Nachricht, Germanen griffen die Marschkolonne an. Für die nächste halbe Meile merkten wir nichts davon. Dann kamen wir zu einer Stelle, wo der Sturm einen mächtigen Baumstamm entwurzelt und quer über den Weg geworfen hatte. Wagen und Tragtiere, Frauen und Kinder stauten sich an dem Hindernis. Ein paar Legionäre und Zivilisten versuchten, den Weg freizuräumen. Gerade wollten wir zupacken, da brachen sie aus dem Wald zu beiden Seiten des Weges heraus! Nun ja, wir schlugen sie kräftig aufs Haupt. Sie flohen zurück ins Unterholz. Aber sie gaben nicht auf. Nachdem wir den Weg freigemacht hatten, heulte und brüllte es allerorts neben dem Weg. Manchmal sprangen zwei oder drei hervor und

griffen sich einen Nachzügler. Einige von uns versuchten anfangs, die Gefangenen zu befreien. Doch nachdem etwa ein Dutzend von meinen Männern seitwärts des Weges in Hinterhalte gelaufen waren, verbot ich, den Weg zu verlassen. Der Befehl war schwer durchzusetzen! Halte dich zurück, wenn neben dir Frauen und Kinder um Hilfe schreien! Sieh tatenlos zu, wenn so ein Unhold mit einer Frau oder einem Kind über der Schulter im Unterholz verschwindet! Ich habe ergraute Legionäre im Zorn bittere Tränen vergießen sehen. Aber was half's? Wir mußten versuchen, den Anschluß nach vorn nicht zu verlieren. Schließlich kamen wir zu einem tief eingeschnittenen Bachlauf. Da lag die vormals hinüberführende Brücke in Trümmern. Jenseits des Einschnitts standen sie in hellen Haufen. Da merkte ich, daß wir den Anschluß verloren hatten. Da befahl ich, umzukehren. Die neun Mann sind alles, was ich durchbringen konnte.«
»Und wie stark schätzt du den Gegner – insgesamt?«
»Das ist schwer zu sagen. Aber wenn ich an die Feuer heute nacht auf den Höhen denke, meine ich: sie sind noch nicht sehr zahlreich. Sie versuchen mit relativ schwachen Kräften, unseren Marsch zu verzögern. Inzwischen rufen sie mit den Feuern Verstärkung herbei. Morgen – heute schon werden sie sehr viel zahlreicher sein.«
Der Tag zog herauf.
Es war graues Wetter. Doch war die Sicht verhältnismäßig gut. So konnten sie vom Kastell im Süden, ungefähr eineinhalb Tagesmärsche entfernt, einen mächtigen Rauchpilz in den Himmel steigen sehen. Brannte dort ein Gehöft? Brannte dort ein Dorf?
Der Gegend Kundige wußten, daß dort, wo der Rauchpilz stand, weder ein Gehöft noch ein Dorf zu finden war. Aber dort konnte sehr wohl der Standort des zweiten Marschlagers sein!
Hatten die Germanen das Lager erstürmt? Brannten sie nun die Zelte und Wagen nieder? – Der Gedanke, daß der Gegner drei Legionen, die drei besten Legionen des Imperiums, überwältigt hätte, war so unglaublich, daß keiner dies annehmen mochte.

Die Schlacht

An diesem Morgen loderten im zweiten Marschlager in der Tat gewaltige Feuer. Doch nicht Germanen hatten die Flammen entfacht. Varus hatte befohlen, alles überflüssige Gepäck zu verbrennen. (Dio Cassius, Römische Geschichte 56, Kap. 21) So wurde die Marschkolonne verkürzt. Darum kam sie an diesem Tag schneller und besser voran. Außerdem hatte der Regen aufgehört. Und die Gegend, in die man nun gelangte, war gut zu übersehen. Hatte nämlich in den Tagen zuvor dichter Laubwald die Straße gesäumt, so wuchsen auf dem Sand- und Moorboden, über den die Römer nun marschierten, schütteres Buschwerk, Heidekraut und hin und wieder einzelne Eichen. Unter diesen Umständen gelangten die Germanen nur gelegentlich mit Reitern an die Kolonne heran. Sie hatten eine den Römern fremde Art des Reiterkampfes. Oft wurden bei ihnen den Reitern junge Männer beigeordnet; diese waren nicht beritten. Dennoch vermochten sie Schritt zu halten, indem sie die galoppierenden Pferde an der Mähne packten und in langen Sprüngen nebenherliefen. Diese Begleiter der Berittenen wurden Fante genannt.
Spätestens bei den Reitergefechten dürfte es den Römern gelungen sein, Gefangene zu machen. Spätestens an diesem Tage also dürften sie erkannt haben, daß Segestes mit seinen Warnungen die Wahrheit gesprochen hatte. Doch nun war es zwecklos, verpaßten Gelegenheiten nachzutrauern. Nun kam es darauf an, die Barriere des Teutoburger Waldes möglichst schnell zu überwinden.
Es gab zwar zwei für ein großes Heer zu passierende Pässe über das Gebirge. Hinter dem westlichen Paß aber hätte man eine recht lange Strecke bis zum großen Standlager an der Lippe (Haltern) marschieren müssen, während man gleich hinterm Ostpaß mit dem Kastell Aliso einen Platz fand, wo man sich neu verproviantieren und eine Marschpause einlegen konnte. Dort konnte man auch die Frauen und Kinder zurücklassen, wodurch das Heer sehr viel beweglicher und damit schlagkräftiger werden mußte.

Als das Heer am Nachmittag des dritten Marschtages den nördlichen Eingang zum Ostpaß erreichte, begann es erneut zu stürmen und zu regnen. Nebelschwaden stiegen wie Rauch aus den Bergwäldern empor.
Mehrere kleinere Erhebungen waren dem Eingang des Passes vorgelagert. Der Boden war teils tiefer Sand, teils glitschiger Lehm. Nachdem sich die Reiterspitze des Heeres mühsam auf die erste Bodenerhebung hinaufgearbeitet hatte, dürfte sie herausgefunden haben, daß schon auf der zweiten der Feind Verhaue und Verschanzungen angelegt hatte. Nun dämmerte gewiß auch den Sorglosen im Heer: »Die wollen nicht Proviantkolonnen plündern und Troßknechte zu Gefangenen machen – die wollen uns! Die wollen unsere Waffen, unsere Rüstungen – alles, was wir bei uns haben!«
Ja, und wenn es dem Heere nicht gelang, am nächsten Tag den Durchbruch zu erzwingen, so hatten die Germanen gute Aussicht, zu bekommen, was sie begehrten! Freilich – noch waren Mut und Einsatzbereitschaft der Legionäre nicht gebrochen. Trotz der Anstrengungen der vergangenen Tage schanzten sie das Lager genau, wie das Reglement es befahl – und das im strömenden Regen, der den moorigen Boden als zähen Schlamm an den Hacken, den Schaufeln und an den Schanzkörben kleben ließ. Erst spät am Abend wurden sie mit ihrer Arbeit fertig. Da gab es nur eine kurze Pause, bis am folgenden Morgen die Tuba zum Wecken blies – zum Wecken und zur Schlacht!
Als erste verließen die Alen der römischen Reiterei und die Auxiliarverbände das Lager, um die überall im Vorfeld schwärmenden Reiter und Plänkler der Germanen zu vertreiben. Dann setzte sich die erste der Legionen in Bewegung. Sie marschierte in drei Kolonnen nebeneinander. Die erste Kolonne bildeten die Centurien der jüngsten und behendesten Legionäre – der Hastaten. In der mittleren Kolonne marschierten die Prinzipales; sie konnten in die Linie der Hastaten einrücken, wenn diese Verstärkung brauchten oder sonstwie ermüdet waren. Die dritte Kolonne endlich war jene der Triarier – das waren die Veteranen. Mußten auch deren Centurien ins Gefecht, so hatte man es

mit einem sehr hartnäckigen Gegner zu tun. Dann hieß es: res venit ad triarios – die Sache kommt (sogar) an die Triarier.

Es wurde »Halt« befohlen. Jeder Legionär machte »Rechts um«: nun standen sie gefechtsbereit der ersten Bodenwelle vorm Eingang zum Paß gegenüber. Zehn Kohorten, jede Kohorte zu drei Manipeln, jedes Manipel zwei Centurien stark – in dieser Aufstellung zu drei Treffen war die Front einer Legion an die 1200 Meter lang.

Die Tuba blies das Signal »Vorwärts«. Waffenklirrend setzte sich die Linie in Bewegung. Das war eine Maschine! Wer die Ängste oder Gefühle des einzelnen Legionärs in dieser Masse beschreiben wollte, zeigte damit, daß er nichts verstanden hat von der Wirksamkeit einer solchen Kriegsmaschinerie. Solange ein Legionär auf seinen Füßen stand, solange er in der Linie marschierte, hatte er keine Gefühle persönlicher Art. In diesem Aufgehen des einzelnen im Ganzen bestand die Überlegenheit dieser gnadenlos gedrillten Truppe. In solcher Truppe konnte der Gegner einen einzelnen Widersacher nicht mehr erkennen. Darum erschien selbst so tapferen Kriegern wie den Germanen eine angreifende Legion wie ein übermenschliches Ungeheuer. Dem konnten sie im freien Feld nicht widerstehen. Sollte ein Mann wie Arminius, der so lange als Verbündeter der Römer zu Felde gezogen war, das nicht vorausgesehen und in Rechnung gestellt haben? – Hier, wie in allen späteren Gefechten, bewies der Mann, den die Römer Arminius nannten, daß er aufs beste Bescheid wußte über alle Möglichkeiten römischen Kriegswesens. Es kann ihn nicht überrascht haben, zu sehen, daß es den Römern gelang, ihre Gegner von den ersten Bodenwellen zu verjagen. Hinter diesen Wellen aber verengte sich der Paß zu einer ungefähr dreihundert Schritte breiten Senke. Auf solchem Gelände war es schon sehr viel schwieriger, eine Schlachtordnung zu halten. Zudem: die empfindlichen Punkte einer Linie sind die Flanken; ein Angriff auf eine oder beide Flanken bringt jede vorrückende Front ins Stocken. So war es auch hier: mit jedem Schritt vorwärts, den die Linie unternahm, mußten sich ihre Flügelleute

immer wieder nach links und rechts wenden, um die aus den Wäldern zu beiden Seiten des Passes herausbrechenden Germanen zurückzudrängen. Wie ein riesiger Schwamm saugte der Wald die Legionäre ein, bis der Vormarsch den Paß hinauf schließlich zum Erliegen kam.
Im Walde aber sah die Sache für die Römer ganz anders aus. Waldkämpfe waren seit jeher ein Alptraum für eine an den Kampf im offenen Felde gewöhnte Truppe. Denn im Walde zerreißt die ihnen gewohnte Ordnung. Es gibt keinen Gleichschritt mehr; es gibt nur noch einzelne Trupps, die ohne den Blick aufs Ganze kämpfen müssen. Versetzen wir uns in Gedanken einmal in die Lage einer solchen Schar von Legionären!
Sie bahnten sich mit dem Gladius (römisches Kurzschwert) einen Weg durch das verfilzte, nässetriefende Unterholz. Plötzlich hörten sie seitlich Geschrei und das Klirren von Waffen. Doch als sie sich in diese Richtung wandten, standen sie einer undurchdringlichen Dornenhecke gegenüber. Auf der Suche nach einem Durchlaß gelangten sie auf eine Lichtung – dort stießen sie auf den Feind.
Nehmen wir an, sie waren zu sechst. Und es waren zehn Germanen. Dann hatten die Legionäre eine gute Chance. Denn die größere Körperkraft der Germanen wurde durch die weit bessere Bewaffnung der Römer ausgeglichen. Die Germanen hatten ja weder Panzer noch Helme; ihre einzige Abwehrwaffe war ein hölzerner Schild. Und während sie im allgemeinen nur Speere trugen, waren die Römer mit Pilen (Spießen), Schwertern und Dolchen bewaffnet.
Unsere sechs also wurden ihrer Gegner Herr. Sie fanden auch einen Durchlaß durch die Hecke. Doch als sie die Stelle erreichten, von welcher vorhin der Kampflärm gekommen war, fanden sie fünf ihrer Kameraden tot. Und als sie nun

Römisches Kurzschwert (Gladius). Sogenanntes Schwert des Tiberius, das ein römischer Offizier in Mainz als Auszeichnung erhielt.

versuchten, zum Waldrand zurückzukehren, kam ihnen ein verwundeter Legionär entgegen.
»Nicht weiter!« rief er. »Zwischen uns und der Straße wimmelt es von Germanen!«
Was nun? – Freunde, versetzen wir uns in die Lage der im germanischen Urwald Verirrten!
Es ist ganz still geworden; nur einmal glauben wir aus schier unendlicher Entfernung den Ruf einer Tuba zu vernehmen. Unser Optio sagt:
»Zunächst müssen wir versuchen, einen Weg zu finden.«
Wir beschließen, einen weiten Bogen nach Süden zu schlagen. Behutsam arbeiten wir uns durch das Unterholz. Der Regen rauscht. Die Wolken hängen so tief, daß sie beinahe die Wipfel der Bäume berühren. Endlich scheint es, als werde voraus das Unterholz lichter. Der Optio meint:
»Dort könnte der Weg sein.«
Er weist auf zwei Legionäre.
»Du und du – ihr geht voraus und versucht festzustellen, ob dort draußen Germanen sind.«
Die beiden schleichen davon. Schon bald kommt der eine zurück und meldet:
»Jenseits des Weges bewegt sich etwas im Unterholz. Wir können nicht feststellen, was es ist.«
»Du kommst mit mir!« sagt der Optio zu dir. Ihr erreicht den Rand des Weges. Da werdet ihr angerufen – in lateinischer Sprache.
»Wer seid ihr?«
»Sechs Mann von der ersten Hastatencenturie der XVIII. Legion.«
»Tretet heraus auf den Weg!«
»Das ist eine Falle!« flüstert einer der beiden zum Weg vorausgeschickten Legionäre.
»Nein!« erwidert der Optio. »Der dort drüben spricht pompejanischen Dialekt. Den macht ihm kein Germane nach!«
Es ist eine Patrouille aus dem Kastell Aliso – vier Legionäre, ein Unteroffizier und ein germanischer Führer. Wir sind den Germanen entkommen! Ohne weiteres könnten wir uns nun ins Kastell in Sicherheit bringen – wären wir nicht Soldaten!

Soldaten aber laufen oft auch ihrer todgeweihten Truppe zu – wie Pferde, die zurück in den Stall rennen, obgleich er schon in Flammen steht.
Während wir mit dem Patrouillenführer beratschlagen, auf welchem Weg wir doch noch zurück zum Heere kommen könnten, dringen plötzlich von Norden her Stimmen und das Geräusch von Waffen zu uns herauf.
»In Deckung!« – Wir verbergen uns im Gebüsch. Wir lauschen und spähen, und endlich können wir die Nahenden erkennen. Es sind römische Legionäre – etwa eine halbe Hundertschaft unter einem Centurio. Dazu Frauen und Kinder.
Sie gehören zur XIX. Legion. Ihr Centurio berichtet: »Wir verließen das Lager hinter euch von der XVIII. Legion. Während ihr schon zur Linken im Walde kämpftet, zogen wir am rechten Rand des Tales hinauf. Wir marschierten in zwei Reihen; die Frauen, die Kinder und den Troß hatten wir zwischen uns. Wir wurden von vorne angegriffen. Aber wir schlugen uns durch. Dann brach der Feind hinter uns in hellen Scharen von rechts aus dem Wald heraus und schnitt uns ab. So blieb uns nichts anderes übrig, als allein weiterzuziehen. Das beste ist, wir marschieren jetzt alle zusammen zum Kastell.«
»Ich werde euch meinen Germanen als Wegführer mitgeben«, erwidert darauf der Patrouillenführer. »Ich selber habe den Befehl, so weit wie möglich vorzustoßen.«
»Wir schließen uns der Patrouille an!« entscheidet unser Optio. Ja, Freunde, so wird es nichts für uns mit der Zuflucht im Kastell!
Die folgende Nacht und den folgenden Tag hindurch versuchen wir immer wieder, ins Lager des Heeres zu kommen. Vergeblich –! Immer wieder stoßen wir auf Germanen. Einmal hören wir Kampflärm nicht weit entfernt. Doch bevor wir herankommen, wird es wieder still.
Und nun ist für uns die zweite Nacht im Walde angebrochen. Aber der Wald ist wie ausgestorben.
»Das ist ein schlechtes Zeichen!« meint der Führer der Patrouille, mit der wir noch immer zusammen sind. »Das kann nur bedeuten, daß die Germanen das Heer ins Lager

zurückgedrängt haben, daß sie zum entscheidenden Sturm ansetzen oder daß sie das Lager bereits genommen haben.«
»Ich kann es mir nicht vorstellen«, entgegnet unser Optio. »Ich vermag einfach nicht zu glauben, daß diese Barbaren die drei besten Legionen des römischen Heeres überwältigen könnten!«
Und doch – drei Stunden später ist es für uns zur Gewißheit geworden!
Wir liegen am Waldrand – dort unten ist das Lager. Riesige Feuer brennen. Manchmal trägt der Wind wildes Geschrei herüber. Plötzlich sehen wir eine menschliche Gestalt, die geduckt herauf zum Walde kommt.
»Das muß einer der Unseren sein!«
Es ist ein Junge vom Troß. Als er uns plötzlich vor sich sieht, hält er uns zunächst für Germanen. Wir müssen ihn mit Gewalt niederzwingen. Endlich erkennt er uns. Da keucht er:
»Fort – schnell fort! Sie bringen euch um! Sie haben das Lager gestürmt. Dort, wo die Feuer brennen, schlachten sie die Tribunen und die Centurionen erster Klasse. Der Cherusker Arminius hat dem Leichnam des Varus den Kopf abschlagen lassen. Der Legat Vala Numonius ist mit der Reiterei feige entflohen!«
»Ich glaube es nicht!« murmelt unser Optio. »Ich kenne den Vala Numonius als einen sehr tapferen Mann.«
»Zurück zum Kastell!« sagt der Patrouillenführer. »Nun wissen wir, was geschehen ist.«

Dem Lagerpräfekten Lucius Cädicius, dem Kommandanten von Aliso, war nicht verborgen geblieben, daß sich in den Bergwäldern nördlich des Kastells Übles zusammenbraute. Zunächst waren die Nachrichtenverbindungen zum Heere abgerissen. Dann hatten Patrouillen gemeldet, daß es am Ostpaß von Germanen wimmelte. Einem kriegserfahrenen Mann wie Lucius Cädicius wurde damit klar, daß es die Germanen tatsächlich nicht auf Transportkolonnen, sondern auf das Heer des Varus abgesehen hatten. Allerdings dürfte auch Cädicius anfangs nicht angenommen haben, daß der Gegner mit diesem Vorhaben erfolgreich sein könnte.

Doch schon nach den Meldungen der ersten Flüchtlinge, die zum Kastell kamen, dürfte Cädicius mit zunehmender Sorge hinüber zu den Bergwäldern geschaut haben. Zeigten sich denn nicht endlich die Reiter der Vorhut? Blinkten denn nicht endlich Panzer und Helme der Legionäre aus dem Waldesdunkel hervor?
Keine Reiter! Keine Legionäre in geschlossenen Verbänden! Nur immer mehr Flüchtlinge kamen herein. Und immer bedrohlicher klangen die Nachrichten. Endlich mag eine Patrouille gemeldet haben, daß am Ostpaß keine Germanen mehr zu finden wären.
Für einen mit germanischen Kriegsgewohnheiten vertrauten Mann, wie es Cädicius zweifellos war, muß solche Meldung eine sehr schlechte Nachricht gewesen sein.
Die Germanen waren Krieger und nicht Soldaten. Einen Legionär konnte man auf einen Platz befehlen; dort blieb er, bis er einen Gegenbefehl bekam. Ein Germane blieb bestimmt nicht auf entlegenem Vorposten, wenn es im Brennpunkt der Entscheidung Beute zu machen gab! War der Ostpaß frei, so hieß das: die Germanen setzten entweder zum entscheidenden Sturm aufs Lager an oder waren schon beim Plündern.
Es ist wahrscheinlich, daß römische Patrouillen aus Aliso unter diesen Umständen so nahe ans Gefechtsfeld herankommen konnten, daß sie von ferne Zeugen des letzten Sturmes aufs Lager wurden. Gewiß aber konnten sie die Siegesfeier der Germanen beobachten.
Freilich – es kann nicht ganz so schlimm gewesen sein, wie es die Römer nach der Schlacht schilderten. Denn später schrieb der römische Schriftsteller Seneca, noch viele Jahrzehnte nach der Schlacht hätten vornehme Römer germanischen Edlen als Türhüter und Schweinehirten gedient – Männer, die sich vor ihrer Gefangennahme berechtigte Hoffnung auf einen Platz im römischen Senat gemacht hätten. Solche Männer dienten im Heere des Varus gewiß als höhere Offiziere. Und sie wurden nicht geopfert. Übrigens: warum wurden diese Männer von den Römern nicht freigekauft? Wollte man durch sie nicht an die Niederlage erinnert werden? Oder fürchtete man unbequeme

Grabstein des Centurio M. Caelius, gefallen in der Varusschlacht. Links und rechts seine beiden Burschen.

Zeugen? War es eben doch nicht so, daß allein den Varus und seine Offiziere alle Schuld an der Katastrophe traf? Entsprach vielleicht doch nicht ganz der Wahrheit, was Velleius Paterculus, ein Zeitgenosse, über die Niederlage schrieb?

Das tapferste aller Heere, das an Manneszucht, Stärke und Kriegserfahrung den ersten Platz in der römischen Armee einnahm, wurde durch die Mattherzigkeit des Feldherren ... ins Verderben geführt ... Varus' Legat aber, Vala Numonius, sonst ein ruhiger und tapferer Mann, vollbrachte eine abschreckend ruchlose Tat. Er beraubte das Fußvolk des Beistandes der Reiterei und begann, mit den Alen fliehend, dem Rhein zuzueilen. Diese Tat hat das Schicksal an ihm

gerächt. Er hat die Verratenen nicht überlebt, sondern ist als Verräter gefallen.
Wurde das nur geschrieben, um auf höchste Weisung Sündenböcke zu finden für eine der schlimmsten Niederlagen, welche Rom bis dahin erfahren hatte? Es ist nämlich auch eine ganz andere Erklärung für den Abzug der Reiterei unter Vala Numonius denkbar! Vielleicht war er auf Befehl des Varus abgerückt?
Nachdem Varus erkannt hatte, daß er den Ostpaß gegen den Widerstand der Germanen nicht öffnen konnte, blieben ihm noch zwei Möglichkeiten. Erstens: er konnte den Durchmarsch am Westpaß versuchen. Aber natürlich war es nicht möglich, einfach nach Westen abzuziehen; die Germanen hätten den Paß vermutlich vor dem Heere erreicht. Hingegen konnte Varus versuchen, den Feind mit den Legionen festzuhalten, damit Vala Numonius mit der Reiterei inzwischen den Westpaß besetzte und für das nachfolgende Heer offenhielte.
Zweitens: Varus konnte sich mit dem Fußvolk im kleineren Lager verteidigen und Vala Numonius mit der Reiterei zu dem mit stärkeren Kräften im Standlager an der Lippe stehenden Asprenas schicken. Sodann hätten Asprenas und Vala Numonius unverzüglich beginnen müssen, mit vereinten Kräften die Gebiete der Marsen und Bructerer, der Tencterer und der Usipeter zu verwüsten. Diese Völkerschaften stellten ja aller Wahrscheinlichkeit nach einen sehr großen Teil der germanischen Streitmacht. Hätten sie von Plünderungen in ihren Gebieten erfahren, so wären sie möglicherweise abgezogen, um ihre Familien und ihre Habe zu schützen. Dann hätte Varus erneut – und mit größerer Aussicht auf Erfolg – den Durchbruch am Ostpaß versuchen können.
Es spricht für das Feldherrengenie des Arminius, daß er auch diese letzten Möglichkeiten des Varus vorausgeahnt und darum größere Abteilungen zum Angriff auf den abziehenden Vala Numonius bereitgehalten hat. Jedenfalls: nachdem Vala Numonius und seine Reiter den Tod gefunden hatten, blieb für Varus und seine Legionen keine Hoffnung mehr.

Zwischenspiel

Die Hoffnung der Germanen auf Beute wurde nicht enttäuscht. Waffen, Pferde, Kriegsgefangene, die man als Sklaven behalten oder verkaufen konnte, Gold und Silber, wie das Tafelgeschirr des Varus, fielen den Siegern in die Hände. Auch die Götter kamen nicht zu kurz. Die Bructerer zum Beispiel hatten den Adler – das Feldzeichen – der XIX. Legion erbeutet; sie brachten ihn in einen ihrer heiligen Haine. Schließlich aber: das Land war frei! Nachdem der Legionsführer Asprenas vom Untergang seines Oheims erfahren hatte, war er mit seinen Truppen vom Lager an der Lippe schleunigst über den Rhein nach Vetera marschiert. Das war das Beste, was er tun konnte; andernfalls hätten er und seine Legionäre gewiß das Schicksal der Varianischen Legionen geteilt. Mag sein, daß er beim Rückzug mächtige Rauchsäulen hinter sich in den Himmel steigen sah; denn die Germanen brannten das große Lager an der Lippe nieder.

Es brannten in diesem Herbst noch andere Lager und Kastelle ostwärts des Rheins. Gewiß ließen die Germanen am Sommerlager an der Weser ihren Zorn aus. Auch das Kastell, das wir aus militärischer Notwendigkeit als Sicherung über der Stromenge angenommen haben, wurde gegebenenfalls ein Raub der Flammen. Vielleicht kam seine Besatzung mit dem Leben davon. Denn ihr blieb die Möglichkeit, nach Norden abzuziehen. Die an der Küste siedelnden Chauken hatten sich dem Aufstand des Arminius nicht angeschlossen; die in ihrem Gebiet stationierten römischen Militärposten blieben ungeschoren.

Ganz anders verhielten sich die im späteren Nordhessen lebenden Chatten. Zwar hatten sie mit den mit ihnen dauernd verfeindeten Cheruskern, Marsen und Bructerern nicht gemeinsame Sache gemacht. Doch nutzten sie offenbar die Schwächung der römischen Macht, um das von Drusus Germanicus allen Funden nach am Platze des heutigen Städtchens Friedberg erbaute Kastell zu zerstören.

So blieb im Inneren Germaniens vorerst nur ein einziges Kastell in römischer Hand – Aliso! Die Besatzung und die hierher geflüchteten Reste des Varianischen Heeres mußten allerdings um ihr Leben kämpfen. Das ist nicht verwunderlich. Verwunderlich hingegen erscheint auf den ersten Blick, daß es überhaupt gelang, ein Kastell so tief im Inneren des Landes, so nahe dem Schlachtfeld, vorm sofortigen Untergang zu bewahren.

Ein wesentlicher Faktor dieses Erfolges war zweifellos, daß mit Lucius Cädicius in Aliso ein besonders tüchtiger und energischer Mann das Kommando hatte. Zum anderen aber: gerade die Germanen, die vor den Wällen von Aliso erschienen, hatten sich auf dem Schlachtfeld vorm Ostpaß »sattgesiegt«. Nach einem in den Gräben und vorm Wall von Aliso gescheiterten ersten Sturm sahen sie gewiß nicht ein, warum sie erneut ihr Leben wagen sollten. Im Besitz ihrer Beute waren sie reich, wie sie es kaum jemals zuvor gewesen waren. Jetzt wollten sie ihren Reichtum genießen. Jetzt wollten sie zu Hause feiern und sich als Helden feiern lassen.

Also wurde beschlossen, das Kastell Aliso nicht zu erstürmen, sondern zu belagern – zumindest, was die Germanen zu jener Zeit unter Belagerung verstanden! Für eine Belagerung braucht man unbedingt ein gut funktionierendes Nachschubsystem. Über solches verfügten die Germanen nicht. Blieb nur, den in der Nähe Wohnenden die Beobachtung und gelegentliche Beunruhigung des Kastells aufzutragen und außerdem den Nachschubweg vom Rhein her abzuschneiden.

Der Mangel an Nachschub blieb in Aliso nicht ohne Folgen. Wenngleich große Vorräte in dem als Nachschubbasis für das Sommerlager gedachten Kastell vorhanden waren, so war doch ein bald eintretender Mangel abzusehen. Darum entschloß sich Lucius Cädicius, das Kastell bei passender Gelegenheit aufzugeben und zum Rhein durchzubrechen.

Durch Späher dürfte er erfahren haben, daß sich die umwohnenden Germanen bei der »Belagerung« nicht gerade die Beine ausrissen. Unter diesen Umständen konnte er sich eine gute Chance ausrechnen, die annähernd zehn Tages-

märsche bis Vetera durch das relativ dünn besiedelte Gebiet glücklich hinter sich zu bringen.
In einer Winternacht brachen sie aus.
Jagende Schneeschauer versperrten die Sicht. Der Sturm verschluckte alle Geräusche. Freilich kann sich eine große Menschenmenge nicht auf Wildwechseln und Schleichpfaden davonstehlen. Vielleicht aber bot sich den Flüchtlingen in der zugefrorenen Lippe eine Straße, mit der die Germanen nicht gerechnet hatten? Ihre Posten standen – wenn sie in dieser schaurigen Nacht überhaupt auf Wache standen! – gewiß nur entlang der Landstraße durch den Wald. Doch wie auch immer – an den beiden ersten Posten kamen die Römer unbemerkt vorbei. Am dritten Posten aber – –
– – als sie in die Nähe des dritten Postens gekommen waren, wurden sie entdeckt, da die Frauen und Kinder in ihrer Erschöpfung und Angst den Soldaten immer wieder etwas über die Kälte und Dunkelheit vorjammerten.
(Dio Cassius, Römische Geschichte 56, Kap. 22)
Die Entdeckung der Flüchtlinge muß jedoch noch lange nicht bedeutet haben, daß nun eine gut vorbereitete Aktion der Germanen angelaufen wäre. Zunächst einmal war ja ihr Nachrichtensystem äußerst mangelhaft. Signalfeuer waren im Schneetreiben kaum oder gar nicht zu sehen – wenn es überhaupt gelang, die vereisten Scheiterhaufen in Brand zu setzen. Und kamen Boten endlich in die weit verstreut liegenden Dörfer und Gehöfte, war es gar nicht sicher, ob sich die Männer willens zeigten, hinaus in die eisige Nacht zu gehen. Wohin auch sollten sie sich wenden? Wußten sie denn genau, was vor sich ging? War nur die Besatzung von Aliso ausgebrochen? Oder war gar ein Hilfskorps vom Rhein her unterwegs, um die Flüchtlinge aufzunehmen?
Immerhin – irgendwo auf ihrem Weg brüllten den Flüchtlingen germanische Heerhörner entgegen. In hellen Scharen brachen die dick vermummten Unholde aus dem Wald hervor. Schon hatten die Legionäre ihre Pilensalve geworfen, schon zogen sie das Kurzschwert blank – da klang von fern hell und klar ein Trompetensignal durch die eisige Winternacht herüber. Das waren römische Trompeten! Und das

Signal war ein Laufmarsch, wie er den ins Gefecht rückenden Legionären geblasen wurde. War tatsächlich ein Hilfskorps über den Rhein gegangen und den Flüchtlingen entgegengerückt? Die Germanen hatten keine Lust, mit einem neuen Gegner von unbekannter Stärke anzubinden. Sie zogen sich nach Osten zurück – zumal es dort in Richtung auf Aliso viel leichter war, Beute zu machen. Denn viele Schwache, Verwundete, Frauen und Kinder hatten es nicht vermocht, dem Geschwindmarsch von Lucius Cädicius Soldaten zu folgen. Sie und all ihre Habe fielen entlang der Lippe den Germanen in die Hände.

Was aber war mit der Verstärkung, bei der man so überzeugend das Signal »Laufschritt« geblasen hatte? – Es gab keine Verstärkung! Es gab kein Hilfskorps! Lucius Cädicius hatte einige Trompeter vorausgeschickt; und diese hatten im rechten Augenblick ihr Signal geblasen.

Für jene Römer, die in der Winternacht den Germanen in die Hände fielen, war der Ausbruch aus Aliso ein Desaster. Lucius Cädicius hingegen gelangte mit den kampfkräftigen Teilen der Besatzung über den Rhein in Sicherheit. Später wurde deshalb oft bezweifelt, daß Aliso wirklich tief im Inneren Germaniens, nahe den Lippequellen, am Platze des späteren Paderborn gelegen hätte. Es wäre doch ganz unmöglich gewesen, über eine Strecke von annähernd 150 Kilometer durch Feindesland zu entkommen! Wirklich? – Ungefähr 1200 Jahre nach dem Ausbruch der Besatzung von Aliso wurden deutsche Ordensritter in Ostpreußen von den aufständischen Pruzzen in den Burgen Kreuzburg und Bartenstein eingeschlossen. Sie brachen aus. Die Kreuzburger wurden abgefangen und vernichtet. Die Bartensteiner schlugen sich über annähernd hundert Kilometer bis Elbing durch. Warum sollte dem tüchtigen Lucius Cädicius nicht Ähnliches gelungen sein?

Der Krieg war vorbei. Aber war mit der Varusschlacht, war nach dem Fall der wichtigsten Kastelle für die Völkerschaften ostwärts des Rheins die römische Gefahr ein für allemal gebannt? Die Usipeter und die Tencterer, die Marsen und Bructerer scheinen das angenommen zu haben. Und gab es

nicht wirklich Anzeichen dafür, daß sie recht hatten?
Da war der alternde Kaiser Augustus. Einst hatte er die Grenze des Imperiums bis zur Elbe vorschieben wollen. Nun ließ er aus Kummer über die Niederlage im Saltus teutoburgiensis seinen Bart lang wachsen. Und es wurde erzählt, er wäre in hilfloser Verzweiflung mit dem Kopf gegen die Wand gerannt; dabei hätte er gerufen:
»Vare! Vare! Redde mihi legiones – Varus! Varus! Gib mir die Legionen wieder!«
Da war Tiberius, der Adoptivsohn des Augustus. Nach dem Tode des Drusus Germanicus war er an den Rhein gekommen und mehrere Male mit dem Heer tief ins Innere Germaniens gezogen. Auch nach der Niederlage des Varus wurde er Befehlshaber an der germanischen Grenze. Aber wagte er es, die Niederlage zu rächen? Ein paarmal probte er mit den neuaufgestellten Legionen den Flußübergang – nur, um sogleich wieder auf das linke Ufer des Stromes zurückzukehren.
Gewiß, es gab unter den Germanen Männer, die dem Frieden nicht trauten. Arminius selber wird aus seiner Kenntnis der römischen Mentalität und den Verhältnissen im Imperium immer wieder gewarnt haben:
»Glaubt nicht, daß Tiberius aus Furcht nicht weiter vorgegangen sei! Er kann es nicht wagen, sich hier an der Grenze in zeitraubende Unternehmungen zu verstricken, weil er wahrscheinlich nur zu bald in Rom seine Interessen wahrnehmen muß. Augustus ist alt. Er wird bald sterben. Wäre Tiberius beim Tode des Princeps (Kaisers) nicht in Rom, würde nicht er, sondern einer seiner Widersacher Princeps werden. Aber laßt ihn erst dieses Ziel erreicht haben – dann hat er die Hände frei zur Rache. Seht ihr denn nicht, daß die Legionen am Rhein auf volle Kriegsstärke gebracht und für den Krieg exerziert werden?«
Das stimmte. Acht Legionen lagen nun an der Grenze – vier in und um Vetera, dem sogenannten unteren Lager – vier im oberen Lager bei und in der Gegend von Mogontiacum, dem späteren Mainz. Freilich – was waren das für Soldaten! Man hatte sich nicht gescheut, selbst den Pöbel, den Abschaum der Weltstadt Rom zu den Feldzeichen zu rufen. Die sollten

kämpfen? – Viele der Germanen meinten, diese Soldateska würde davonlaufen oder meutern, bevor sie den Rhein überschritt.
Sie meuterten in der Tat! Nachdem der Kaiser Augustus gestorben und Tiberius Princeps geworden war, lehnten sich zunächst die Legionen im fernen Pannonien – im späteren Ungarn – auf. Wenig später empörten sich auch die Legionen des unteren Heeres am Rhein. Nur mit größter Mühe vermochte ihr neuernannter Befehlshaber Julius Germanicus die Ordnung wieder herzustellen. Das geschah im Jahre 14 n. Chr. Sobald die Völkerschaften rechts des Rheines davon erfuhren, waren sie natürlich noch viel weniger als zuvor gesonnen, auf die Warnungen etwa eines Arminius zu hören. Sie sollten es nur zu bald bitter bereuen!

Es war Herbst geworden. Das Grün der Bäume verfärbte sich zu Braun und Rot. Überall reiften die wilden Früchte.
Um diese Zeit des Jahres feierten die Marsen ein Fest. Vielleicht war es das Fest der Göttin Tanfana, die im Marsenland ein weithin bekanntes Heiligtum hatte? Jedenfalls muß es eine Art Erntedankfest gewesen sein. Denn es wurde viel gegessen und sehr viel getrunken. Da hatten selbst die Kinder Besseres zu tun, als in den langsam zerfallenden römischen Verschanzungen im südlichen Grenzwald umherzustreifen.
Zwei Jungen standen in der nach vorne und nach rechts und links hin offenen Vorhalle eines großen Hauses. Sie spähten durch die Tür hinein in den Saal; dort drinnen saßen auf den Bänken entlang den Wänden die Männer beim Gerstenbier und bei dem aus Honig hergestellten Met. Die beiden Jungen aber beobachteten den im Hintergrund stehenden offenen Herd, wo am Spieß große Fleischstücke brieten. Ein solches Fleischstück zu erschnappen, mußte ein sehr lohnendes Abenteuer sein! Doch eine der Frauen erblickte die beiden, als sie mit einem gefüllten Eimer vom Brunnen kam. Aus Erfahrung gewitzigt, begriff sie schnell, was da beabsichtigt wurde. Geschwind versah sie sich mit einem handlichen Stock. Und alsbald brach es schrecklich über die Lauernden herein. Sie ergriffen die Flucht. Sie hielten es

nun für besser, ihre Räubereien im Nachbardorf zu begehen.
Es war um die unheimliche Stunde, da die Abendsonne schräg hereinscheint zwischen die Stämme des Waldes, wenn brandrotes Licht und schwarze Schatten einen bösen Kontrast ergeben. In diesem bösen Licht sahen die beiden Jungen durch eine Lücke im Unterholz, tief drinnen im Wald, eine lange Reihe von Männern schweigend vorüberziehen. Waren es Erscheinungen aus einer anderen Welt?
Es dunkelte. Wie lang der Weg ins Nachbardorf war – viel länger, als die beiden Flachsköpfe in Erinnerung hatten! Hatten vielleicht gar Trugelfen die beiden vom rechten Wege gelockt?
Die Jungen blieben stehen und lauschten. Da flüsterte der eine atemlos:
»Hörst du nicht? Hinter uns sind Pferde!«
»Ich höre nichts!« erwiderte der andere. Doch nun schwor der erste, er hätte es ganz deutlich vernommen.
Pferde im dunklen Wald – das konnte in jener Zeit nur zu leicht Unheil und Gefahr bedeuten. Odin ritt sein achtbeiniges Pferd Sleipnir, zu seinen Häupten flogen die Raben, rechts und links neben ihm liefen seine Hunde – es war gewiß nicht gut für Sterbliche, dem düsteren Gott vor sein einziges, unter der Krempe des Schlapphutes hervorglühendes Auge zu kommen! Im fernen Lande der Semnonen aber machte die Göttin Frigga die Umfahrt auf einem Pferdewagen; jeder, den sie zu Gesicht bekam, wurde im Heiligen See ertränkt. Fuhr vielleicht auch die Göttin Tanfana über die verlassenen Wege, derweil die Menschen in den Häusern ihr Fest begingen?
Die beiden Flachsköpfe waren jetzt nur noch zwei schlotternde Bündel Angst. Groß war ihre Freude, als sie endlich einen Hund anschlagen hörten. Andere Hunde fielen ein – das mußte das Nachbardorf sein. Doch lange währte die Freude der Jungen nicht! Aus dem Gebell wurde Heulen und Jaulen, das jäh verstummte. Dafür erhoben sich nun vielstimmiges Geschrei und Gebrüll. Das waren keine Freudenlaute!
Die beiden Jungen erreichten den Rand des Waldes.

Inzwischen war der Mond aufgegangen. In seinem bleichen Licht konnte man im Dorf wildes Getümmel erkennen. Und jetzt flohen Menschen über die Lichtung zum Walde her. Männer in Panzern und Helmen verfolgten die Fliehenden. Fünf Jahre zuvor hatten die Jungen schon einmal solche gepanzerten Männer gesehen. Darum erkannten sie nun: die Feinde, die Römer waren ins Land gekommen! Mit ihnen kamen Plünderung, Tod oder Sklaverei.
Ein Raum von fünfzig Meilen wurde durch Feuer und Schwert völlig verwüstet. Kein Weib, kein Greis oder Kind fand Erbarmen. Menschliche oder göttliche Wohnstätten, darunter – – (das) – – sehr berühmte Heiligtum der Göttin Tanfana, alles wurde dem Erdboden gleichgemacht. Die Soldaten (blieben) unverwundet; sie hatten nur Halbschlafende, Waffenlose, Versprengte (zu) erschlagen – –
(Tacitus, Annalen – I. Buch, Kapitel 51)
Freilich kann das nicht in einer einzigen Nacht geschehen sein – wie Tacitus ebenfalls schreibt. Denn man kann (nach Tacitus) an die 30 000 Mann nicht in einer einzigen Nacht über 50 Meilen (Quadratmeilen) = 350 Quadratkilometer verteilen und zuschlagen lassen. Die unerwarteten Überfälle geschahen also nur auf die dem Grenzwald am nächsten liegenden Siedlungen. Danach wurde das Gebiet mehrere Tage lang verwüstet – insbesondere wohl durch berittene Auxiliarier. In diesen Hilfstruppen dienten die wildesten Söldner, die man in damaligen Zeiten finden konnte. Da kämpften gallische Treverer aus der Gegend des späteren Triers und linksrheinische Germanen, da waren Mauren, Parther aus dem fernen Iran und Araber, die zuvor vielleicht im Wüstenlager Duro Europos auf Posten gegen die Arsakiden gestanden hatten. Im Herbst des Jahres 14 kam zu der gewohnten Rücksichtslosigkeit dieser Truppen hinzu, daß gerade die Marsen in der Varusschlacht eine sehr wichtige Rolle gespielt hatten. Man kann sich also leicht vorstellen, was den marsischen Frauen und Mädchen geschah, bevor die Unglücklichen dem Schwert zum Opfer fielen. In jener Zeit waren auch Dinge, wie sie heute kaum mehr geschehen, durchaus nichts Ungewöhnliches. Der Kaiser Tiberius selber hatte Sklaven, deren einzige Aufgabe

45

es war, für ihn Knaben einzufangen (Tacitus, Annalen – VI. Buch, Kapitel 1). Und wenn er dafür nach seinem Tode getadelt wurde, so nur deshalb, weil er sich an den Kindern angesehener römischer Bürger vergriff. Hätte er sich der Kinder von Sklaven oder Kriegsgefangenen bedient – kein Mensch hätte das besonders verwerflich gefunden. Die beiden oben erwähnten Jungen also erwartete ein besonders übles Geschick, wenn es ihnen nicht gelang, der Soldateska des Julius Germanicus zu entkommen.
Selbstverständlich blieb den Nachbarn der Marsen nicht verborgen, was im Tal der Lipsia vor sich ging. Wahrscheinlich hatten die Späher der Chatten schon den Anmarsch der Römer durch das Tal der Ruhr, südlich des sogenannten Cäsischen Waldes, beobachtet. Vielleicht hatten sie anfangs geargwöhnt, daß der Überfall ihnen selber gelten sollte. Gewiß waren sie sehr erleichtert gewesen, als die Römer nach Norden hin im Walde verschwunden waren. Da sie niemals in Freundschaft mit ihren Nachbarn lebten, hatten sie es nicht für nötig gehalten, die Marsen zu warnen oder ihnen gar zu Hilfe zu kommen. Die Brukterer hingegen riefen zu den Waffen, als sie südlich ihrer Dörfer die Feuer sahen. Und auch die westlich wohnenden Tencterer, Usipeter und Tubanten gaben Alarm. Als Germanicus die Rauchsäulen der Signalfeuer über den Waldeshöhen lohend aufsteigen sah, wußte er, daß er sich den Rückzug zum Rhein erkämpfen mußte. Entsprechend war die Marschordnung, die er befahl. Die Spitze des Heeres bildeten römische Reiter und Auxiliarverbände. Ihnen folgte die I. Legion. Anschließend marschierte der Troß, rechts von der V., links von der XXI. Legion gedeckt. Hinter diesem Zentrum zog die XX. Legion. Den Schluß bildeten wieder Reiter und Auxiliarier.
Die Kolonne blieb unbehelligt, solange sie durch offenes Gelände zog. Dann aber kam sie in waldiges Bergland.
Unter den Soldaten des Germanicus waren nicht eben wenige von denen, die unter Varus vorm Ostpaß des Saltus teutoburgiensis gekämpft hatten und dort nur knapp dem Tode entgangen waren. In diesen dürften nun dunkle Erinnerungen lebendig geworden sein. Und wahrhaftig –

Gajus Julius Caesar Germanicus, Kopf einer Marmorstatue.

sobald der ganze Heereszug im Walde war, ertönte der Ruf: Die Germanen greifen an!
Diesmal aber führte kein Arminius die wilden Scharen. Plan- und wirkungslos belästigten sie die Kolonne an den Flanken, um sich endlich mit aller Kraft auf die Nachhut zu werfen. Die Reiter und Auxiliarier gerieten in arge Bedrängnis. Ihr Marsch wurde bald zu einem Vorwärtsdrängen, das einer Flucht schon sehr ähnlich war.
Doch nun wandte sich Germanicus an die XX. Legion. Diese Legion war bei der jüngst unterdrückten Meuterei besonders aufsässig gewesen. Germanicus rief den Legionären zu, es sei Zeit, ihre Untat in Vergessenheit zu bringen.
»*Eilt, die Schande in Ehre zu verwandeln!*« *Sie glühten vor Begeisterung, durchbrachen in einem Ansturm den Feind, warfen ihn auf eine Lichtung und hieben ihn nieder* – –
(*Tacitus, Annalen*)
Inzwischen kam die Vorhut aus dem Walde heraus. Sie schanzte ein befestigtes Lager – was eigentlich unnötig war. Denn nach dem Kampf auf der Lichtung machten sich die überlebenden Germanen eilig davon. Von nun an unbehelligt, kam das Heer zurück zum Rhein. Stolz ob ihres Erfolges zogen die Truppen in die Winterquartiere. Aus einem heillosen Haufen von Meuterern waren sie römische Legionen geworden. Als solche sollten sie sich schon im folgenden Jahr erneut bewähren müssen. Denn mit dem Überfall auf die Marsen war die Zeit vorbei, da die Römer untätig auf dem linken Ufer des Rheins gestanden hatten.

Auftakt

Der Frühling des Jahres 15 n. Chr. war außergewöhnlich warm und trocken. Die Häuser brannten wie Zunder, wenn die Brandfackeln auf die Dächer geworfen wurden. Und Brandfackeln flogen viele im Chattenland! Vom Lager Mogontiacum kam der Cäsar Julius Germanicus mit den Legionen des oberen Heeres über den Rhein! Zunächst marschierte er den Main aufwärts bis dorthin, wo später die Stadt Höchst liegen sollte. An dieser Stelle mündete die Nidda in den Main. Wahrscheinlich führte sie nur wenig Wasser, als das Heer die Mündung ereichte. Doch war hier der richtige Stapelplatz für den Nachschub, den man auf größeren Schiffen über den Main heraufgebracht hatte und den man bei höherem Wasserstand auf der Nidda weiter nach Norden bringen konnte. Denn dort im Norden lag das erste Ziel der Unternehmung. Dort hatte schon Drusus Germanicus ein Kastell erbaut. Nach der Varianischen Katastrophe hatten es die Chatten zerstört. Nun kam der Sohn des Erbauers, um die Befestigung wieder instand zu setzen.

Der Einfall kam für die Chatten so überraschend, daß die Römer auf ihrem Marsch nach Norden keinen nennenswerten Widerstand fanden. Sie blieben auch unbehelligt, nachdem sie unterhalb des alten Kastells ein Lager geschanzt und mit der Ausbesserung der alten Wälle begonnen hatten. Erst als die Legionen aufbrachen, um ohne Gepäck im Geschwindmarsch nach Norden in Richtung Mattiacum, den Hauptort des Landes, zu ziehen, stellten sich die Chatten an der Eder zum Kampf. Sie versuchten, den Brückenschlag über den Fluß zu verhindern. Germanicus ließ sein Feldgeschütz auffahren – die Katapulte, die Wurfpfeile verschossen, und die Onager, die schwere Steine warfen.

Die Germanen flohen. Mattiacum ging in Flammen auf. Anschließend verwüsteten die Römer das Land rundum. Warum aber wurden die Chatten im Frühjahr 15 so grausam heimgesucht?

Tacitus schrieb:
Die Ankunft der Chatten, die auf Raub ausgingen, setzte Obergermanien in Schrecken.
Dieses Zitat bezieht sich allerdings auf Kämpfe, die erst im Jahre 50 n. Chr. stattfanden. Wenn aber die Chatten im Jahre 50 Obergermanien plündern konnten, so waren sie kurz nach der Varianischen Niederlage dazu erst recht willens und in der Lage. Germanicus hingegen wünschte im Jahre 15 ein befriedetes Obergermanien. Der Einfall ins Chattenland hatte demnach den Zweck, die Chatten abzuschrecken. Dieser unruhige Nachbar bekam Schläge, die zu heilen er den ganzen Sommer über genug zu tun hatte. Und tatsächlich: als die Römer abzogen, wagten es die Chatten nicht, die Marschkolonne zu beunruhigen – –
– – sie pflegen das (aber) zu tun, wenn sie mehr aus List denn aus Furcht zurückgewichen sind.
(Tacitus, Annalen)
Damit hatte Germanicus die Hände frei, um anderswo tätig werden zu können. Dieses »Anderswo« lag nördlich des Chattenlandes.
Schon während Germanicus im Chattenland heerte, marschierte der Legat Cäcina mit den Legionen des unteren Heeres im Tal der Lipsia nach Osten. – Römische Legionäre waren nicht nur Soldaten. Eine Legion war zugleich ein riesiger Handwerks- und Industriebetrieb. Sie brannte ihre Ziegel selber. Sie baute Brücken, Straßen und Häuser. Cäcinas Legionäre also waren vor allem zum Wiederaufbau ins Tal der Lippe gekommen. Da waren zum Beispiel die Anlagen beim späteren Ort Haltern. Hier standen noch aus der Zeit der ersten römischen Unternehmungen ostwärts des Rheins die Reste eines kleinen Kastells. Hier war zur Zeit des Varus ein großes Lager für mindestens zwei Legionen gewesen. Unter diesem Lager hatten sich am Ufer der Lippe umfangreiche Kaianlagen und ein Uferkastell befunden. Da waren des weiteren die Wege und Straßen, die nun seit sechs Jahren nicht mehr benutzt worden und darum kaum noch benutzbar waren.
Und endlich das Kastell Aliso. – Nach dem Ausbruch des Lucius Cädicius hatten es die Germanen selbstverständlich

Legionär auf Wache vor dem Legionslager. Relief der Trajanssäule, Rom.

in Brand gesetzt. Für die Legionäre gab es demnach mehr als genug zu tun. Entlang dem ganzen Lippetal waren ihre Bau- und Versorgungskolonnen unterwegs. Diese einzelnen Kolonnen wurden zum Ziel germanischer Angriffe. Allerdings brachten diese Angriffe kaum Erfolge. Dem unter den Waffen ergrauten Cäcina gelang es sogar, einen größeren Verband der Germanen zu stellen und ihnen eine empfindliche Niederlage beizubringen. Und um ihnen die Folgen solcher Aufsässigkeit wieder ins Gedächtnis zu rufen, ließ er zweifellos seine Reiter und Auxiliarier auf die im vergangenen Herbst verschont gebliebenen oder inzwischen wieder aufgebauten Dörfer und Gehöfte los. Wiederum war der Nachthimmel rot im Marsenland. Das

dürfte auch den im oberen Lippetal siedelnden Cheruskern Grund zum Nachdenken gegeben haben.
Gerade aus dieser Zeit wird berichtet, Segestes hätte es verstanden, seine Tochter Thusnelda, die Frau des Arminius, in seine Gewalt zu bringen. Arminius und Thusnelda hatten Jahre zuvor gegen den Willen des Segestes geheiratet. Glaubt man wirklich, es wäre Zufall gewesen, daß Segestes sich dieser Eigenmächtigkeit ernsthaft erst im Jahre 15 widersetzte? Ausgerechnet zu der Zeit, als die Römer sich zur Rückkehr nach Germanien anschickten − −? Wie Arminius auf den Gewaltstreich seines Schwiegervaters reagierte, ist unschwer zu erraten.

Die Burg des Segestes lag überm Ufer eines kleinen Flusses auf einer Hochfläche, von deren Rändern der Hang nach allen Seiten steil zu Tale fiel. An den Stellen, wo nicht schon die Steile des Hanges ausreichend Schutz bot, erhob sich hinter tiefem Graben der Wall; an besonders gefährdeten Punkten lagen mehrere Gräben und Wälle hintereinander. Solche Wälle waren nicht einfach Erdanhäufungen, es waren sogenannte Holz-Erde-Mauern. Zunächst hatte man mit geringem Abstand voneinander eine Reihe starker Baumstämme als äußeren Ring in den Boden gerammt. Um die geplante Breite der Mauer nach innen versetzt, wurde der ebenso konstruierte zweite Ring gezogen. Sodann verband man die Pfosten des inneren und des äußeren Ringes durch starke Verstrebungen. Die Pfosten eines Ringes aber wurden durch Bohlen verbunden, wodurch eine innere und äußere Bohlenwand entstand. Endlich füllte man den Innenraum zwischen den Wänden mit Erde. Die so entstandene Mauer war an die fünf Meter dick. Ihre Krone bildete den Wehrgang, den nach außen eine hölzerne Brustwehr schützte.
Solche Burgen waren für die Germanen mit ihrer kaum entwickelten Belagerungskunst nur schwer zu nehmen. Doch der Zorn des Arminius war zu groß, als daß er sich auch hier nach einem ersten vergeblichen Sturm auf die Burg zurückgezogen hätte. Sein Weib, das dort drinnen gefangengehalten wurde, war schwanger. Sollte sie seinen ersten Sohn in

der Gefangenschaft zur Welt bringen?
Feuerbrände flogen gegen den das Tor deckenden hölzernen Turm. Wahrscheinlich versuchten sie mit langen Stangen und Schlingen die Brustwehr von den vorspringenden Bastionen neben dem Torweg herabzureißen. – Segestes war ein kriegserfahrener Mann, ein Hüne von Gestalt. Doch nun spähte er gewiß mit sorgenschwerer Miene über den Fluß nach Westen. Auf dem Weg, der dort drüben aus dem Wald hervortrat, mußte die von ihm erbetene Hilfe kommen – *wenn* sie kam!
Dann war eines Morgens das Lager des Arminius leer. Nur einige Reiter streiften noch unter den Wällen. Man kann sich vorstellen, daß Segestes diese Ruhe voller Mißtrauen bemerkte. Zu oft war es vorgekommen, daß Belagerte durch einen Scheinabzug aus den Wällen gelockt und dann überfallen worden waren. Doch gegen Mittag des nächsten Tages stieg drüben am Waldrand eine Staubwolke auf. Waffen blitzten – römische Waffen. Es war klar: am vergangenen Tag hatte zwischen den von Segestes zu Hilfe gerufenen Römern und den Belagerern ein Gefecht stattgefunden. Und die Römer hatten gewonnen.
Wenn Segestes damit der Gefahr entgangen war, seinem vor Zorn schier rasenden Schwiegersohn in die Hände zu fallen, so dürfte er dennoch der Ankunft der Befreier nicht ohne Sorge entgegengesehen haben. Er hatte zwar seinerzeit den Varus gewarnt, hatte dann aber dem Druck seiner Stammesgenossen nicht widerstehen können und sich am Kampf gegen die Römer beteiligen müssen. Sein Sohn, der jenseits des Rheins als Priester an einem Heiligtum für den Augustus gedient hatte, war sogar so weit gegangen, die geheiligten Priesterbinden zu zerreißen, bevor er zu den Aufständischen floh. Konnte das alles vergessen gemacht werden durch einen neuen Treueschwur und durch die Übergabe der Thusnelda?
Die Gesichter der in die Burg einrückenden Römer verhießen nichts Gutes. Sofort begannen sie, die Habe der »Befreiten« zu durchsuchen. Dabei fiel gewiß manch unfreundliches Wort; denn viele Beutestücke aus der Varusschlacht wurden gefunden. Endlich verkündete ein

Trompetensignal die Ankunft eines Befehlshabers höchsten Ranges. Im Glanz seines vergoldeten Panzers, unterm wehenden roten Helmbusch ritt er durchs Tor – Julius Cäsar Germanicus.
Julius Germanicus war im Jahre 15 n. Chr. dreißig Jahre alt. Seine Soldaten rühmten an ihm sein gutes Aussehen, besonders aber sein einfaches, freundliches Wesen. Was allerdings das freundliche Wesen betraf – da waren seine Gegner anderer Meinung! Von welcher Seite seines Wesens würde sich der Cäsar nun dem Segestes zeigen?
Segestes redete ihn mit folgenden Worten an:
Seitdem Augustus mich mit den Bürgerrechten beschenkt hat, habe ich mich mit der Wahl meiner Freunde und Feinde nach eurem, der Römer Nutzen gerichtet, dies nicht im Haß gegen mein Vaterland – – sondern weil ich der Überzeugung bin, daß der Vorteil der Römer auch der Vorteil der Germanen sei, und daß Frieden besser sei als Krieg. Deshalb habe ich den Räuber meiner Tochter, den Arminius, bei Varus verklagt. Was dann folgte, läßt sich nur beklagen, nicht entschuldigen – – Jetzt, wo ihr vor mir steht, gebe ich gern die neue Freundschaft mit Rom für meine alte Feindschaft, die Unruhe für die Ruhe hin. Ich will keine Belohnung, ich will nur meinen Treuebruch sühnen und biete mich an als Vermittler zwischen Rom und den Germanen, falls diesen die Reue lieber ist als der Untergang – –
(Tacitus, Annalen – I. Buch, Kapitel 58)
Dies ist gewiß nicht wortwörtlich die Rede des Cheruskerfürsten gewesen; sicherlich hat Tacitus dessen Rede rethorisch aufgeputzt. Aber gerade weil Tacitus selber Rethoriker war, ist er hier wohl zuverlässiger als bei seinen Schilderungen geographischer oder militärischer Objekte.
Germanicus gab dem Cherusker eine gütige Antwort. Er versprach, daß dem Segestes und seinen Verwandten nichts geschehen werde. Für die Thusnelda galt das allerdings nicht; ihr wurde eine Sonderbehandlung zuteil – wovon später noch genauer die Rede sein wird.
Was aber war der Grund für das freundliche Verhalten des Römers? – Es war ja nicht nur so, daß er verzieh!
Er war bereits zum Rhein zurückgekehrt, als ihn die Kunde

von der Belagerung der Segestesburg erreichte. Er muß auch erfahren haben, daß dem Arminius nicht etwa das ganze Volksaufgebot seines Stammes, sondern nur ein persönliches Gefolge für eine höchst persönliche Rache zur Verfügung stand – keinesfalls also viel mehr als fünfhundert Mann. Demnach genügten zum Entsatz etwa eine Kohorte Auxiliarier und vielleicht noch ein Trupp römischer Reiter – im ganzen an die 1500 Soldaten. Wenn sich Germanicus zum Befehlshaber dieses fliegenden Korps herabwürdigte, nur um den Segestes zu befreien, mußte er mit diesem Mann etwas ganz Besonderes vorhaben. Und Segestes hatte das offenbar erkannt! Der letzte Satz seiner oben zitierten Rede gibt den Hinweis auf die Pläne des Germanicus. Der Cäsar wollte mit Hilfe des Segestes die Cherusker, oder zumindest sehr viele von ihnen, dem Arminius abspenstig machen.

Verbrannte Erde

Nachdem Germanicus das obere Heer verlassen hatte, waren die II., die XIII., die XIV. und die XVI. Legion, vermutlich unter der Führung des Legaten Silius, lahnabwärts bis zur Mündung dieses Flusses in den Rhein gezogen. Dort lagen schon die Schiffe der Classis Augustä Germanicä – der Rheinflotte – bereit.
Es mag den Legionären nach ihren anstrengenden Märschen und Kämpfen im Chattenland recht gut gefallen haben, nicht mehr als Packesel, wie sie manchmal genannt wurden, marschieren zu müssen, sondern an Bord der mit der Strömung flußabwärts gleitenden Schiffe bequem transportiert zu werden. Das nunmehr allein von Veteranen besetzte Lager des unteren Heeres auf dem Fürstenberg bei Vetera blieb zurück. Dann gabelte sich der Fluß – –
– – der Rhein nämlich, der bis dahin ein einheitliches Flußbett hat, teilt sich dort, wo der Bataver Land beginnt, in zwei Arme. Der eine auf der germanischen Seite behält den Namen und auch die starke Strömung –
(Tacitus, Annalen – II. Band, Kapitel 6)

Vom germanischen Rhein zweigte ein Kanal ab – die Fossa drusila, der Drususgraben. Er war zur Zeit des Julius Germanicus längere Zeit nicht benutzt worden. Darum war es nun vorbei mit dem geruhigen Dahingleiten. Denn auf selten benutzten Wasserläufen mit geringer Strömung wachsen nur zu bald Unmengen von Schlinggewächsen. Das zähe Geflecht, das sich um Riemenschäfte und Steuerruder schlang, mußte zertrennt, das abgeschlagene Geschlinge mußte auf die oftmals sumpfigen Ufer geworfen werden. Schwärme der in diesem warmen Frühjahr gewiß besonders zahlreichen Mücken dürften den Aufenthalt in der Wildnis zusätzlich erschwert haben.

Der Drususgraben führte vom Rhein in den Flevo-See. Das war allerdings nicht ein einziger großer See, sondern vielmehr eine Kette von Seen, deren Spuren man später in den Lagunen am Ostufer der durch einen Einbruch der Nordsee entstandenen Zuidersee wiedererkannte.

Es ist schon eine ungewohnte Vorstellung, solche nordischen Gewässer, in deren Schilfwäldern Wildenten brüteten, über deren Spiegel im Morgennebel Singschwäne zogen, in Gedanken von einer römischen Flotte befahren zu sehen. Noch befremdlicher wird das Bild freilich, denkt man sich diese Schiffe in Kiellinie die Fluten der Nordsee durchschneiden. Denn aus dem Flevo-See steuerte die Flotte vermutlich durch einen weiteren Kanal hinaus aufs Meer, um sodann entlang der Küste zunächst nach Norden und dann nach Osten zu fahren.

Römische Schiffahrt war ja vornehmlich Küstenschiffahrt. So werden wohl schon auf dieser Fahrt einige ihrer Schiffe im Wattenmeer auf Grund, vielleicht gar auf tückische Mahlsände geraten sein. Doch was Küstenschiffahrt im Wattenmeer wirklich bedeutet, das sollten die Römer erst im nächsten Jahr erfahren.

Die Flotte fuhr bis zur Mündung der Ems. Dann ging es flußauf. Und dann kam man in Feindesland; denn auf dem Ostufer der oberen Ems saßen die Bructeri majores, auf dem Westufer die Bructeri minores – die größeren und die kleineren Bructerer. Ihnen galt in diesem Jahr der Besuch der Legionen; wobei die Legionäre vielleicht noch nicht einmal die schlimmsten Gäste waren. Zum ersten Mal findet sich in diesem Zusammenhang in den Annalen des Tacitus unterm Jahr 15 n. Chr. ein Name, den die Germanen in diesem und im nächsten Jahr gewiß nur voller Zorn und Entsetzen nannten – Lucius Stertinius; er führte als Legat die Auxiliarverbände. Man kann auch sagen: er war der Chefplünderer des Heeres.

Zwischen Heide, Moor und Fluß lag ein Germanendorf. Bis ins Jahr 15 war es ein weltentlegener Platz gewesen. Nur von weither, gleichsam von einem anderen Stern, hatten Händler die Kunde von dem stahlklirrenden Heer des Cäsars gebracht. Sie hatten berichtet, wie die dunkelhaarigen, braunhäutigen Männer in die Wohnungen der Marsen gedrungen waren. Vielleicht hatten die Frauen unartigen Kindern mit der Beschwörung dieser Ungeheuer gedroht. Im Grund hatte niemand geglaubt, daß solche Drohungen für sie jemals mehr als eine Schauergeschichte werden könnten. Nun war die Schauermär Wirklichkeit geworden. Sie hatten ihre wertvollste Habe zusammengerafft. Schwer beladen schleppten sich Frauen, Kinder und Greise über die geheimen Pfade im Moor zu der von einer Dornenhecke umgebenen Insel, welche in Stammesfehden seit jeher als Zuflucht gedient hatte. Halbwüchsige trieben das Vieh über den gleichen Weg, während einige Männer am Schluß des Zuges mit größter Sorgfalt alle Spuren verwischten.
Die Nacht brach an, als sie den Schlupfwinkel erreichten. Sie schauten zurück in die Richtung, wo ihre Heimstatt lag. Da wuchs Feuerschein über Wald und Moor in den Nachthimmel hinauf – die Krieger der Sippe hatten die Gehöfte in Brand gesteckt. Als sie zur Insel kamen, berichteten sie:
»Wir haben lange gezögert. Erst als ein Trupp fremder Reiter über den großen Knüppeldamm nahte, warfen wir den Feuerbrand.«
Dann hielten sie Umfrage, ob alle hergefunden hätten. Da stellten sie fest, daß einer ihrer jungen Burschen fehlte. Aber gerade ihn kannten sie als einen besonders geschickten und verwegenen Späher. So kamen sie zu der Überzeugung,

Römische Reiter mit gefangenen Germanen.

daß er geblieben wäre, um aus sicherem Versteck das Tun der Fremden zu beobachten. Irgendwann würde er zur Insel kommen. Er kannte ja alle gangbaren Stellen im Moor, auch die Brücken, die – entsprechend dem Wasserstand – hals-, gürtel- oder knietief unter Wasser über die Moortümpel führten. Er kam wahrhaftig! Und mit ihm kamen die Reiter des Stertinius! Sie hatten den Jungen gefangen. Gewiß, manche Germanen ließen sich zu Tode foltern, ohne den Schlupfwinkel der Ihren zu verraten; einige sprachen erst, als sie kaum noch einen heilen Knochen im Leibe hatten; bei den meisten genügten kräftige Hiebe mit der Peitsche: der

Junge jedenfalls hatte gesprochen. Vielleicht sogar überlebte er den Verrat. Was blieb ihm dann, nachdem die Soldaten seine Leute und alles Vieh auf der Insel mit der Schärfe des Schwertes geschlagen hatten? Wären Stammesgenossen seiner habhaft geworden, so hätten sie ihn als ehrlos unter Lasten von Steinen und Knüppelholz im Moor versenkt. Er konnte nur bei den Soldaten überleben. Fortan diente er ihnen als Führer. Er kannte ja auch die Verstecke der Nachbardörfer. Und er fand sich in jedem Moor besser zurecht als die landfremden Römer.
Bei ihren Plünderungen entdeckten die Soldaten des Stertinius übrigens den von den Bructerern in der Varusschlacht erbeuteten Adler der XIX. Legion. Während sie also gewiß zur vollsten Zufriedenheit ihres Oberkommandos das Land entlang der Ems verwüsteten, fuhr die Versorgungsflotte den Fluß hinauf, etwa bis in die Gegend des späteren Lingen. Von dort ab erschwerten Stromschnellen die Weiterfahrt. Darum blieben die größeren Schiffe hier zurück. Die Nachschubgüter wurden auf flachgehende Kähne und Flöße umgeladen und diese sodann flußauf getreidelt. Sklaven für diese Arbeit hatte man ja genug – nämlich die jüngst gefangenen Bructerer. So kam man bis in die Gegend des späteren Rheine. Dort aber muß es gewesen sein, daß flüchtige Germanen aus ihren Verstecken des Nachts die Feuer nicht nur im Norden, sondern auch im Südwesten lohen sahen. Von Südwesten her nahte der Legat Cäcina mit den Legionen des unteren Heeres! Auch ihn begleiteten die plündernden und mordenden Auxiliarverbände.

Weiter wurde das Heer bis in die entferntesten Teile des Bructererlandes geführt und alles Land zwischen Lippe und Ems verwüstet. Man war dem Teutoburger Wald, in dem, wie es hieß, die Reste der Legionen und ihres Feldherrn Varus unbestattet lagen, nicht mehr fern.
In Germanicus regte sich der Wunsch, den toten Soldaten und dem Feldherren die letzten Ehren zu erweisen – – Cäcina wurde vorausgesandt, die dunklen Waldschluchten zu durchforschen – –
(Tacitus, Annalen – I. Buch, Kapitel 60 und 61)

Arminus und Germanicus

Ein rot verhangener Mond stand tief über dem Waldgebirge im Südosten. Bodennebel trieb über der Heide und zwischen den Stämmen der Eichen im Hain, in dem noch die Opferaltäre standen, wo noch immer entfleischte Schädel hingen an Pflöcken, die man durch ihre Augenhöhlen in die Stämme der Bäume getrieben hatte.
Zwei Legionäre standen als Doppelposten auf dem Wall des Lagers.
»Glaubst du, daß sie uns angreifen werden?« fragte der eine.
»Heute nacht, morgen nacht – irgendwann kommen sie bestimmt!« erwiderte sein Kamerad.

Während Germanicus im Bructererland plünderte, hatte Arminius wahrhaftig alles getan, um die Cherusker zum Krieg zu bewegen. Er war von Volksversammlung zu Volksversammlung geeilt. Er konnte ja nicht, wie sein Gegenspieler, ein Heer allein durch Befehle in Marsch setzen. Er mußte um jeden einzelnen Kämpfer werben. Dabei kam ihm nun freilich zugute, daß im Cheruskerland jeder von der Beute wußte, die in der Varusschlacht gemacht worden war. Und war Arminius, der Sieger in dieser Schlacht, nicht gut für sein Versprechen, wenn er nun noch größere Beute versprach?
Diese Stimmung im Volk der Cherusker und die Unternehmungen des Arminius blieben den Römern nicht verborgen. Sie waren ja immer sehr gut informiert über alles, was im Inneren Germaniens geschah. Sie hatten ihre Exploratores – ihre Kundschafter. Es ist durchaus wahrscheinlich, daß solche Exploratores in der Menge der Zuhörer saßen, wenn Arminius zu den Cheruskern sprach.
Da war zum Beispiel ein Mann, den die Römer Flavus – den Blonden – nannten. Er war Cherusker. Er war für seine Verdienste um das römische Imperium zum römischen Bürger, zum römischen Ritter gemacht worden. Die Römer hätten also auch ihn Arminius nennen können, wäre dieser

Name nicht schon vergeben gewesen – an seinen älteren Bruder! Der jüngere Bruder des germanischen Führers also war zu aller Zeit ein treuer und besonders tüchtiger Explorator der Römer! Einem solchen Mann konnte es freilich nicht schwerfallen, ins tiefste Innere des Cheruskerlandes vorzudringen. Er kannte ja alle Schlupfwinkel in dem dünn besiedelten Gebiet. Er kannte auch jene seiner Stammesbrüder, die, aus welchen Gründen immer, dem Arminius feindlich gesinnt waren und deshalb seinen Gegnern sicheres Versteck und Hilfe gewährten. Er und seinesgleichen waren die zuverlässigen Informanten des römischen Oberkommandos.

Germanicus war zum Schlachtfeld vorm Ostpaß des Saltus teutoburgiensis marschiert. Gerade hatte er feierlich die Gebeine der Gefallenen bestatten lassen, als ihn die Nachricht erreichte, von Osten her nahten starke Haufen der Germanen, um sich auf einer Lichtung im Waldgebirge zu sammeln. Es gibt keine Überlieferung, die besagte, wo dieser Sammelplatz der Germanen gelegen haben könnte. Vielleicht sammelten sie sich im Wiehengebirge, also nördlich des römischen Heeres? Dann bedrohten sie das Schiffslager an der Ems! Vielleicht auch vereinigten sie sich in der Nähe der Teutoburg? Dann drohten sie, die Verbindungen des Heeres nach Aliso zu unterbrechen! Darum – –
– – *sobald (Germanicus) Fühlung mit (dem Gegner) hatte, ließ er die Reiter ausrücken und befahl, den vom Feind besetzten Platz zu nehmen.*
(Tacitus, Annalen – I. Buch, Kapitel 63)
Der Cäsar ließ aber nicht nur die römische Kavallerie und die Auxiliarverbände marschieren, sondern setzte zumindest einen Teil seiner Legionen in Marsch. Das war eine weise Maßnahme – wie sich nur zu schnell herausstellen sollte.
Stellen wir uns vor, wie die Reiter des Germanicus in langer Kolonne durch ein von waldigen Höhen flankiertes Wiesental ritten. Jetzt bogen die ersten um eine Ecke des Tales – da sahen sie vor sich ein weites, mit einzelnen Baum- und Buschgruppen bestandenes Feld.

Überall auf dem Feld qualmten Lagerfeuer.
Der Führer des römischen Vortrabes, der Legat Pedo, gewann den Eindruck, die Germanen wären vom Auftauchen der Römer überrascht worden, denn sie verließen fluchtartig ihre Lagerplätze und fluteten zum jenseitigen Waldrand hinüber. Pedo beschloß, unverzüglich anzugreifen.
Wie seine Alen und Kohorten aus dem Wiesental herauskamen, so schickte er sie hinaus, mit dem Befehl, quer durch die Fliehenden reitend den jenseitigen Waldrand zu besetzen. Gelang das, bevor alle Germanen im Walde verschwunden waren, so hatte man die Abgeschnittenen zwischen den Reitern und den nachfolgenden Legionen in der Falle.
Schon hatten die ersten Alen den Waldrand erreicht, da brüllten im Walde germanische Heerhörner auf. Von vorn, aber auch von der Seite brachen sie in hellen Scharen hervor. Die Alen wurden von der Mündung des Wiesentals abgedrängt und immer weiter hinaus auf die Lichtung getrieben. Jetzt waren sie selber in Gefahr, abgeschnitten zu werden. Für den Germanicus muß das ein erschreckender Anblick gewesen sein, als er, seinen Legionen vorausreitend, die Lichtung erreichte. Er befahl einem seiner Tribunen, die Legionen so schnell wie möglich heranzuholen. Dann konnte er nichts anderes tun, als auf das rechtzeitige Eintreffen der Verstärkung zu hoffen.
Mag sein, daß ihn, als er wartend an der Mündung des Wiesentales hielt, einer seiner Stabsoffiziere auf einen Reiterpulk inmitten der Germanen aufmerksam machte. Dort drüben glänzte das Sonnenlicht auf einem römischen Panzer und auf einem römischen Helm.
»Cäsar, kannst du den Mann mit dem Helm erkennen?«
»Ja – es ist ein Offizier, ein Tribun! Haben die Germanen ihn gefangen? Wer ist es?«
»Das ist keiner unserer Tribunen! Das ist kein Gefangener der Germanen! Das ist ER! Das ist der Cherusker!«
Er hatte es wieder einmal verstanden, die Römer in eine Falle zu locken! Denn weit drüben kam jetzt der Rückzug der Reiter und der Auxiliarier zu einem unerwarteten Halt.

Angreifende Legionäre mit Kurzschwert (Gladius) und Schild. Relief auf einem Säulensockel.

Die Pferde bäumten sich verzweifelt auf. Aber das führte nur dazu, daß sie mit der Hinterhand noch tiefer in den Boden sanken. Schwarzes Wasser quoll zwischen den Grassoden empor. Mit schmatzendem Schlurfen saugte es Fuß und Huf in die Tiefe. Die Germanen hatten die Reiter und Auxiliarier gegen einen Sumpf gedrängt!
Wo blieben die Legionen? Wurden vielleicht auch sie schon angegriffen, damit sich ihr Anmarsch verzögerte?
Das grelle Signal »Laufschritt« muß dem Germanicus und seinen Offizieren wie Sphärenmusik in den Ohren geklungen haben! Diesmal war es keine Täuschung wie damals beim Ausbruch aus Aliso. Die erste Legion kam aus dem Wiesental hervor – vielleicht war es wirklich die zum unteren Heer gehörende I. Legion? Vielleicht auch die Legio V Alaudä – die Lerchenlegion, so genannt nach ihrer an die Haube einer Lerche erinnernden Helmzier – –?
Jedenfalls bekam das Gefecht nun ein anderes Gesicht. Die Legionen marschierten auf mit der Präzision gnadenlos gedrillter Regulärer. Die Tuba blies das Signal »Vorwärts«. Da sah der Cherusker ein, daß sein Plan gescheitert war. Mit

seinem Gefolge ritt er in Richtung zum jenseitigen Waldrand davon. Aber es war keine Flucht. Tatsächlich dauerte es ja geraume Zeit, bevor alle Legionen in Schlachtlinie aufmarschiert waren – viel zu lange, um den Gegner am geordneten Rückzug hindern zu können. Und tatsächlich war es ein stolzer Anblick, drei oder gar vier Legionen endlich zur Schlacht entwickelt zu sehen – doch ein Sieg war es nicht. Selbst Tacitus, ein glühender Verehrer des Germanicus, schreibt:
Das Gefecht wurde ohne Entscheidung abgebrochen.
So erfuhr Germanicus gleich bei seinem ersten ernsthaften Gefecht mit den Cheruskern, daß Arminius nicht nur durch die Unfähigkeit seiner Gegner zu bestehen vermochte.

An den Langen Brücken

Es war für die Reiter des Stertinius nicht mehr ratsam, sich allzuweit von den Legionen zu entfernen; denn wenn Arminius mit starken Kräften in der Nähe war, konnten aus Plünderern nur zu schnell Gejagte, wenn nicht gar Erschlagene werden. Zudem: es war Herbst geworden; wollte die Flotte auf der Heimfahrt nicht in die Herbststürme geraten, war es höchste Zeit, sich auf den Heimweg zu machen.
Germanicus führte das Heer zum Schiffslager an der Ems zurück. Es ist nicht überliefert, auf welchem Wege das geschah. Aber es ist sehr wahrscheinlich, daß er durch das Becken zwischen dem heutigen Teutoburger Wald im Süden und dem Wiehengebirge im Norden, also in Richtung auf den Ort des späteren Osnabrück, marschierte. Auch dieses, damals gewiß mit Auwäldern und Sümpfen an den Ufern der Flüsse durchsetzte Gebiet war vermutlich Bructererland. So konnte man wenigstens in den an den Marschstraßen gelegenen Dörfern noch einmal den roten Hahn fliegen lassen. An der östlich und nördlich des heutigen Osnabrück fließenden Hase aber begann das Land der

Chamaven. Sie waren ein Teilstamm der Chauken. An der Hase begann demnach für die Römer Freundesland.
Vom Schiffslager an der Ems war dem Heer eine Flotte flachgehender Kähne auf der Hase entgegengefahren. Das untere Heer mußte neuen Proviant fassen. Während das obere Heer nämlich zu Schiff nach Hause gebracht werden sollte, mußte das untere Heer über Land zurück nach Vetera ziehen. Befehlshaber dieses unteren Heeres war nach wie vor der Legat Cäcina.
Germanicus hatte den Legaten zum Abschied in sein Zelt rufen lassen. Die beiden Männer bildeten einen denkbar großen Gegensatz – der Adoptivsohn des Kaisers mit seinen knapp dreißig Jahren und der Legat, der nun schon seit vierzig Jahren unter römischen Kriegszeichen stand. Galt Germanicus als liebenswürdig, so war Cäcina, nach einer späteren Rede als Senator zu schließen, ein recht knorriger, nicht eben feinsinniger Soldat – um nicht »Kommißkopp« zu sagen!
»Glaubst du, daß dir der Cherusker gefährlich werden kann?« fragte Germanicus. Cäcina erwiderte:
»An den Langen Brücken werden wir aufpassen müssen. Haben wir sie hinter uns, so sehe ich keine Schwierigkeit mehr.«
Nachdem sich die beiden Heere getrennt hatten, marschierte das untere Heer in südwestliche Richtung. Das erste Marschlager schanzten sie noch im offenen Land, aber schon nahe dem Saum bewaldeter Höhenzüge. Am nächsten Tag begann der Marsch durch die Wälder. Weder am ersten, noch am zweiten Tag zeigte sich der Feind. Am Nachmittag des zweiten Tages meldete die Reiterspitze, sie hätte die Langen Brücken erreicht.
Die Langen Brücken waren ein System von Knüppeldämmen und Brücken, welche durch ein langgestrecktes, versumpftes Tal führten. Dieses Tal begrenzten an beiden Seiten waldige Höhen, die an manchen Stellen nahe zusammenrückten, an anderen aber zwei bis drei Kilometer Entfernung voneinander hatten. Durch das Tal strömte ein kleiner Fluß oder starker Bach, der sich immer wieder in verschiedene Arme teilte, dem von den Höhen herunter

Bäche zuströmten und dessen einzelne Hauptarme durch unzählige Nebenarme verbunden waren. Zwischen den Wasserarmen erstreckten sich versumpfte Wiesen, Schilfwälder, aber auch Bodenwellen mit begehbarem Grund.
Kleinere Trupps oder einzelne Wanderer konnten das Tal wahrscheinlich auch ohne Brücken durchschreiten. Mit dem Legat Cäcina aber kamen nicht kleinere Trupps oder einzelne Wanderer, sondern er führte einen großen Truppenkörper und den zugehörigen Troß. Für einen solchen Truppenkörper war ein gebahnter Weg erforderlich. Darum mußten zunächst die Brücken und Knüppeldämme instand gesetzt werden. Denn seitdem sie um die Zeitenwende vom damaligen römischen Statthalter Lucius Domitius Ahenobarbus errichtet worden waren, hatte man die Brücken kaum jemals wieder benutzt. Also wurde ein großer Teil der Legionäre sofort zum Straßenbau befohlen.
Freilich war es nötig, die Arbeitenden gegen eventuelle Überfälle zu schützen. Da war zum Beispiel ein Signifer, ein Feldwebel von der XXI. Legion. Er bekam den Befehl, im Auwald am rechten Rand des Tales aufzuklären. Mit zehn Mann marschierte er zunächst ein Stück weit über den Knüppeldamm. Dann kamen sie zu einer morschen Brücke und dahinter auf eine Bodenwelle. Von dort mußten sie nach rechts hinunter auf tieferen, aber nur an einzelnen Stellen sumpfigen Grund. Hier wuchs hohes Schilf um einzelne Tümpel. Im Auwald selber war zähes Weidengebüsch zwischen den Bäumen.
Es war ein trockener Frühling und ein heißer Sommer gewesen. Was das in den germanischen Sümpfen bedeutete, erfuhren die Legionäre nun sehr schmerzhaft am eigenen Leib. Zu Millionen surrten die Mücken auf, als die Soldaten ins Buschwerk drangen! Fluchend arbeiteten sich die Männer immer tiefer hinein in die verfilzte Wildnis. Einmal hörte der Signifer weit voraus ein Geräusch, das Axtschlägen ähnlich klang. Er wunderte sich darüber. Waren die Arbeitskolonnen schon so weit vorgedrungen? Endlich kamen sie zu einem größeren Tümpel.
Da berührte einer der Legionäre die Schulter des Feldwebels und wies dann zum jenseitigen Ufer des Gewässers

hinüber. Aus dem dunklen, glatten Wasser heraus glitt der armdicke Leib einer mindestens zwei Meter langen Schlange. Deutlich waren die gelben, halbmondförmigen Zeichnungen auf ihrem schwarzgrünen Schuppenpanzer am Kopf zu erkennen.
Es war eine Ringelnatter. Die Legionäre kannten die Art und wußten, daß sie harmlos war. Aber ein Exemplar von solcher Größe hatten sie nie zuvor gesehen. Nun ja, in diesem verdammten Land wurden eben nicht nur die Menschen und die Mücken riesengroß!
Jetzt hielt das Untier in seiner Bewegung inne. Es hob den Kopf. Wie eine gelbe Flamme spielte die Zunge vorm Maul. Dann schnellte das Reptil blitzschnell herum und war gleich darauf im öligen Wasser des Tümpels verschwunden. Hatte es die Legionäre bemerkt? War es vor ihnen geflohen? – Die Schlange hatte nicht vor den Legionären das Weite gesucht. Drüben im Schilf, jenseits des Teiches war eine jähe, hastige Bewegung. Ein plumper Wurfspeer kam herübergeflogen! Und gleich darauf ertönte das dumpfe Brüllen eines Horns. Germanen!
Die Legionäre machten kehrt. Sie fanden nicht gleich den richtigen Weg. Jäh wich der Boden unter den Füßen des ersten. Und schon steckte er bis zu den Knien im Sumpf. Hätten ihn seine Kameraden nicht herausgezogen, so steckte er zweitausend Jahre später wohl noch immer drin – bis über den Helm!
Der Cherusker hatte es wieder einmal geschafft! Er war den Römern vorausgeeilt. In der folgenden Nacht sahen die Posten auf dem Wall des römischen Lagers rundum die Wachtfeuer des Feindes lohen.
Am nächsten Tag mußten die Arbeiten an den Brücken und Dämmen fortgesetzt werden. Wiederum mußten Sicherungstruppen hinein in Dickicht und Sumpf. Dort wimmelte es jetzt nicht nur von Schlangen und Mücken, sondern auch von nackten, rötlich blonden Schlagetoten. Und noch eins kam hinzu: die Pfützen und Tümpel waren über Nacht größer geworden. An vielen Stellen, wo gestern noch fester Grund gewesen war, erstreckte sich nun ungangbarer Sumpf. Es war ein Rätsel. Denn das Wetter war noch immer

trocken und warm. Es blieb ein Rätsel, bis die Legionäre in der kommenden Nacht wiederum Axtschläge, und diesmal in größerer Nähe, vernahmen. Da fiel es ihnen wie Schuppen von den Augen: die Germanen fällten Bäume, um mit ihnen die Bäche und den Fluß aufzustauen. Darum stieg das Wasser! Darum wurde Sumpf, was vordem Weg gewesen war.
»Sie werden uns wie junge Katzen ersäufen!« rief ein Legionär.
»Rede keinen Unsinn!« wies ihn ein Centurio zurecht.
»Morgen rücken wir ab. Da werden die Knüppeldämme gewiß noch gangbar sein.«

Die Tuba blies zum Wecken.
Zwischen dem Waldrand und dem Beginn des Sumpfes erstreckte sich ein schmaler Streifen festen Grundes. Hier stellte Cäcina seine Legionen in Schlachtordnung auf. Die Legio V Alaudä wurde auf den rechten, die XXI. Legion wurde auf den linken Flügel befohlen. Als erste sollte die I. Legion mit dem Troß abrücken, während die XX. Legion das Zentrum hielt. Aber – –
– – die auf den Flanken aufgestellten Legionen verließen – aus Furcht oder aus Trotz – ihre Stellungen und besetzten schnell ein Feld jenseits des Sumpfes.
(Tacitus, Annalen – I. Buch, Kapitel 65).
Aus Furcht oder aus Trotz – ? Ob es für das Verhalten dieser Legionen nicht doch wohl erwogene militärische Gründe gab?

Die XXI. Legion hat ihre Stellung auf dem linken Flügel bezogen. Vor ihr, am Waldrand, sind schon die ersten germanischen Plänkler zu sehen. Doch viel mehr als der Feind beunruhigt die Legionäre, was hinter ihrem Rücken geschieht. Hinter ihnen ist eine Senke; und diese Senke füllt nun schon ein flacher See. In ein, zwei Stunden vielleicht wird dieser flache zu einem tiefen See geworden sein. Dann ist der Rückzug abgeschnitten.
»Sie werden uns wie junge Katzen ersäufen!«
Da reitet ein Centurio höherer Klasse an die I. Hastaten-

centurie heran.
»Kehrt euch zum Schild! Marsch!«
Das heißt »Links um«, das ist der Befehl zum Abrücken. Hoffentlich ist er nicht zu spät gekommen! Ihr Götter, der See in der Senke ist schon doppelt so groß, wie er beim Aufmarsch gewesen ist! Die ersten Glieder der Marschordnung stutzen, als sie den Saum des Wassers erreichen.
»Vorwärts!« befiehlt der führende Centurio. »Es geht euch höchstens bis zum Knie!«
»Und was ist mit jenen?« fragt ein Legionär und weist zu drei durch das Wasser herankommenden Reitern hinüber. Das Wasser geht den Pferden schon bis zum Bauch.
Der Führer der Reiter ist ein junger Tribun – Tribunus legionis, ein Stabsoffizier. Noch bevor er aufs Trockene kommt, schreit er:
»Halt! Umkehren!«
Der führende Centurio der Kolonne schaut sich unschlüssig um. Er hat doch Befehl, abzumarschieren; jener aber ist der höhere Offizier. Da naht vom Ende der Kolonne her ein noch höherer; der rote Helmbusch des Legaten nickt im Takt zum Galopp seines Pferdes.
»Weiter!« brüllt er die Legionäre an. »Ins Wasser mit euch!«
»Aber die XXI. Legion soll ihre Stellung halten!« schrie nun der Tribun mit schriller Stimme.
»Wer sagt das?«
»Der Oberbefehlshaber hat es gesagt – gestern im Kriegsrat.«
Der Oberbefehlshaber ist gewiß ein Mann, mit dem nicht zu spaßen ist. Aber einem Haufen wie der XXI. gibt man nicht gerade einen feinsinnigen Träumer zum Legaten. Dieser brüllt den Tribun an: »Sag dem Cäcina, er soll dem Wasser befehlen, nicht weiter zu steigen! Hast du nicht gemerkt, daß du eben mehr geschwommen als geritten bist? In einer Stunde kommen wir überhaupt nicht mehr durch die Senke. Wir rücken ab! Die XXI. Legion hat nicht den Ehrgeiz, als Legio myrmillonium in die Kriegsgeschichte einzugehen!«
Legio myrmillonium – Legion der Myrmillonen; bei den römischen Kampfspielen im Zirkus kämpften mit Netz und

Dreizack Bewaffnete gegen die mit Schwert und Schild gerüsteten Myrmillonen. Die Netzkämpfer stellten Fischer dar. Die Myrmillonen verkörperten Seeungeheuer, was ein Fisch als Helmzier symbolisierte.
Der Tribun macht kehrt und planscht mit seinen Begleitern davon. In der Aufregung verfehlt er den rechten Weg. Sein Pferd verliert den Boden unter den Hufen. Der Reiter – in undulas submersit! Der Reiter nimmt ein Bad! Die Legionäre johlen. »*Bis!*« brüllen sie. »*Bis* – noch einmal!«
Dann gehen sie selber ins Wasser. Es reicht ihnen schon bis zum Gürtel. Aber sie kümmern sich nicht mehr darum.
»Legio myrmillonium!« rufen sie begeistert. »Legion der Seeungeheuer!«

Tacitus war kein Soldat; mag sein, daß er darum den wahren Grund für den Abmarsch der Flügellegionen nicht erkannte. In der Tat hatte ihr Abmarsch unmittelbar keine schlimmen Folgen für die beiden anderen Legionen, denn die Germanen nutzten den Abzug der Legionen an den beiden Flügeln nicht aus – –
Erst als das Gepäck im Sumpf und in den Gräben steckenblieb, als die Soldaten aus der Ordnung gerieten und einzelne Glieder (der Marschordnung) nicht mehr zu erkennen waren und, wie es in solchen Fällen zu geschehen pflegt, jeder schnell vorwärtszukommen trachtete und für die Befehle kein Ohr mehr hatte, gab (Arminius seinen Kriegern) den Befehl zum Angriff – –
(Tacitus, Annalen – I. Buch, Kapitel 65)
Die Germanen kannten die Stellen, wo der Sumpf gangbar, wo das Wasser flach genug war, um an den Damm heranzukommen. So wurde die Lage für die I. und XX. Legion sehr schnell verzweifelt. Die V. und die XXI. Legion konnten auf dem schmalen Damm ihren Kameraden nicht zu Hilfe kommen. Die bedrängten Legionen selbst konnten sich in der Enge nicht entfalten. Sie standen in zwei dünnen Linien rechts und links des Dammes, oftmals bis zu den Knien oder bis zum Gürtel in Wasser und Sumpf. In ihrem Rücken, auf dem Damm, versuchten die Fuhrleute und Treiber ihre Wagen und Tragtiere voranzubringen.

(Arminius) durchbrach mit auserlesenen Truppen den Zug und verwundete namentlich die Pferde. Diese glitten in ihrem eigenen Blut und im Morast aus, warfen die Reiter ab, jagten auseinander, was ihnen in den Weg kam, und zertraten die am Boden Liegenden.
(Tacitus, Annalen – I. Buch, Kapitel 65).
Das gellende Wiehern eines verwundeten Pferdes vergißt nie, wer es einmal hörte. Kaum etwas anderes gibt die Todesangst gräßlicher wider als das starrende Auge eines tödlich verwundeten Pferdes!
Dulce et honestum est pro patria morire – süß und ehrenvoll ist es, fürs Vaterland zu sterben? – Der verwundete Legionär, der am Boden lag und die Hufe eines sich aufbäumenden Pferdes über sich erblickte, wird diese Art des Todes kaum als süß empfunden haben! Der Legionär, der – vom schweren Panzer eher behindert als beschützt und bis zu den Knien im Wasser stehend – mit einem ihn um Haupteslänge überragenden Germanen rang, dachte gewiß nicht an die Ehre des Sterbens.
Der Heldentod, aus der Nähe besehen, ist eben meist eine sehr schmutzige und wenig feierliche Sache!
Cäcina versuchte verzweifelt, seine durcheinandergeratene Truppe zu ordnen und das Gefecht zu halten. Dabei geriet er selbst in höchste Bedrängnis. Sein Pferd wurde ihm unterm Leib erstochen. Inmitten einer kleinen Schar von Legionären kämpfte er um sein Leben, bis endlich der Führer einer Abteilung der I. Legion die Not des Feldherren bemerkte und gerade noch rechtzeitig zu Hilfe kam.
Der Kampf währte den ganzen Tag. Zweifellos hatte Arminius vor, seinen Durchbruch auszubauen und die I. sowie die XX. Legion abzuschneiden. Dann hätten die beiden anderen Legionen hilflos zusehen müssen, wie ihre Kameraden niedergemetzelt wurden. Aber schon beim Ausbruch des Lucius Cädicius aus Aliso hatten es die Germanen schließlich für besser befunden zu plündern, als zu kämpfen. Und nun gab es ja wieder mehr als genug zu plündern und zu fleddern! Da lagen neben und auf dem Knüppeldamm die Lasten der erschlagenen Tragtiere. Da waren die Verwundeten und Toten, denen man so kostbare

Bronzehelm eines Legionärs.

Kavalleriehelm. Beide aus Germanien, 1. und 2. Jahrhundert.

Dinge wie Speere, Schilde, Schwerter und Dolche abnehmen konnte. So kam es, daß die einen plünderten, während wenige Schritte davon entfernt andere versuchten, eine römische Abteilung aufzuhalten. Und so kam es, daß die meisten der Römer schließlich doch noch herauskamen aus dem Sumpf.
Aber was machte das schon –? Auch die Legionen des Varus waren nicht an einem Tag vernichtet worden. Am nächsten Tag würden die Germanen erneut gegen den geschwächten und demoralisierten Gegner kämpfen. Außerdem stießen noch immer starke Haufen zum Heer der Germanen und machten die am ersten Tag erlittenen Verluste mehr als wett. Überall auf den Höhen und in den Wäldern neben dem Sumpf brannten auch in dieser Nacht die Wachfeuer der Germanen.
An einem dieser Feuer hatten sich ihre Führer zum Kriegsrat versammelt. Sie waren sich durchaus nicht einig.

Arminius war gewiß der geistige Vater des Überfalls an den Langen Brücken. Er wollte am kommenden Tag verfahren, wie am vergangenen verfahren worden war:
»Der Eber ist am gefährlichsten, wenn er verwundet ist. Die Römer sind verwundet, aber noch nicht völlig geschlagen. Treibt sie noch ein, zwei Tage durch den Sumpf, dann sind sie mürbe, dann werden sie sich fast ohne Widerstand hinschlachten lassen.«
Dem widersprach der hochangesehene Cheruskerfürst Inguiomerus:
»Warum noch viele Umstände? Morgen stürmen wir das Lager! Unsere Beute wird in viel besserem Zustand sein, wenn wir sie nicht länger durch den Sumpf schleppen lassen.«
Die meisten anderen Führer stimmten ihm zu. Man sollte das nicht schlechtweg als törichte Beutegier betrachten! An die siebzehnhundert Jahre später sagte ein berühmter Feldherr – der Fürst von Montecuccoli –, zum Kriegsführer gehörten drei Dinge – Geld, Geld und noch einmal Geld. Für die Germanen aber war Geld gleich Beute.

Während die Führer der Germanen berieten, lag das Lager ihrer Feinde in fast unwirklicher Stille. Die römischen Soldaten waren zu Tode erschöpft. Nach den schweren Kämpfen mußten sie erneut ein Lager schanzen. Das war diesmal besonders mühsam. Denn sie hatten einen großen Teil des Schanzzeuges mit dem Troß verloren. So mußten viele mit den bloßen Händen graben und die morastige Erde nicht in Körben, sondern in ihren Mänteln transportieren. Später lagen sie auf der feuchten Erde unter freiem Himmel; denn auch die Zelte waren verlorengegangen. Hinzu kamen das Jammern und Stöhnen der Verwundeten. Hinzu kam die Angst vor dem folgenden Tag.
In solcher gespannten Atmosphäre genügt der lächerlichste Anlaß, um eine Panik auszulösen. Ein Pferd ging durch und rannte über den Haufen, was ihm in die Quere kam. Der Lärm aber ließ die weiter abseits Lagernden glauben, die Germanen griffen an. Die einen liefen zu den Waffen, andere flohen Hals über Kopf zum westlichen Tor des

Nach der Wurfspießsalve gehen die Römer vor – Schild an Schild in der gewohnten Schlachtordnung.

Lagers hinaus. Nur mit größter Mühe gelang es den Tribunen und Centurionen, die Ruhe einigermaßen wiederherzustellen. Von Cäcina selbst berichtet Tacitus, der Oberbefehlshaber hätte sich auf die Schwelle des Tores geworfen, um die Fliehenden aufzuhalten. Da ging wohl die Phantasie mit dem Historiker durch! Denn das hat der Legat gewiß nicht getan. Was hätte ihm denn in der allgemeinen Aufregung, dazu bei Dunkelheit, ein solcher Versuch eingebracht? Bestenfalls eine breitgetretene Nase –!
Die aus dem Lager Geflohenen liefen dem großen Lager an der Lippe zu. Und einige müssen tatsächlich angekommen sein. In kürzester Zeit nämlich gelangte die Nachricht von Cäcinas verzweifelter Lage bis nach Vetera. Dort nahm man die Hiobsbotschaften so ernst, daß man sich anschickte, die Rheinbrücke zu zerstören. Allein das Eingreifen der Agrippina, der Frau des Germanicus und Enkelin des Kaisers Augustus, verhinderte diese Maßnahme.
Doch wieder zurück in die unheilschwangere Nacht, zum unteren Heer auf der Sumpfinsel an den Langen Brücken –!
Dort blieb dem Cäcina nur eine Hoffnung. Bis zum Morgen

wußte er nicht, ob diese Hoffnung in Erfüllung gehen würde. Er hatte ja keine Ahnung, was die Germanen im Kriegsrat beschlossen hatten – –
Der Morgen kam. Und mit ihm kam der Feind! In dichten Schwärmen brachen die Germanen aus den Wäldern hervor. Sie schleppten Bündel von Reisig mit sich und begannen unverzüglich, die Gräben einzuebnen. Da sah Cäcina, daß seine Hoffnung in Erfüllung ging.
Eigentlich hätte es den Germanen auffallen müssen, daß nur verhältnismäßig wenige Legionäre droben auf dem Wall, hinter den Zinnen aus Flechtwerk standen. Aber sie waren von der Aussicht auf Beute und von der vermeintlichen eigenen Stärke so berauscht, daß sie zu nüchterner Überlegung nicht mehr fähig waren. Hilflos mußte Arminius zuschauen, wie sich das von ihm – aus seiner Kenntnis römischer Taktik – vorausgesehene Unheil vollzog.
Die seitlichen Lagertore öffneten sich. Schild an Schild brachen die Legionäre hervor und rannten die ihnen gegenüberstehenden Germanen über den Haufen. Dann schwenkten sie nach rechts und links, um der Reiterei den Weg frei zu machen. Weit ausholend schnitten die Reiter den vor den Wällen kämpfenden Germanen den Rückzug in die Wälder ab. So gelang dem Cäcina, was dem Varus nicht gelungen war: er stellte die Germanen zum Kampf im freien Feld. Damit war die Schlacht für die Römer gewonnen. Denn der einzelne Germane war dem einzelnen Römer überlegen an Körperkraft. Wenn aber die Römer in der gewohnten Ordnung auf festem Boden kämpfen konnten, gaben ihnen ihre bessere Bewaffnung und ihre Disziplin das Übergewicht.
Die Schlacht an den Langen Brücken wurde ein römischer Sieg. Zweitausend Jahre später wissen nur wenige noch davon. Die Varusschlacht im Teutoburger Wald überschattet den Kampf an den Langen Brücken. Wären die Römer aber dort unterlegen – und sie waren sehr nahe daran! – so wäre später wohl die Varusschlacht über der Schlacht an den Langen Brücken vergessen worden. Denn in der Varusschlacht gingen drei Legionen zugrunde. An den Langen Brücken hingegen wären es vier gewesen.

Böses oder gutes Omen?

Während die Legionen des Cäcina an den Langen Brücken um ihr Leben kämpften, zog das obere Heer nach Norden, ohne auf den Feind zu stoßen.
Germanicus selbst war mit zwei Legionen an Bord der Schiffe gegangen. Die beiden anderen Legionen – die II. und die XIV. – hatte er unter das Kommando des Publius Vitellius gestellt und diesem Legaten den Auftrag gegeben, durchs Land der Friesen, also entlang der Küste, zurück zum Rhein zu marschieren. Wahrscheinlich ging der Marsch dieser Truppe zunächst entlang dem Ostufer der Ems. Auf dem Nordteil unserer Erdkugel sind nun einmal die rechten Ufer der Flüsse meist fester und damit besser begehbar als die linken. Das ist eine Folge der aus der Erddrehung entspringenden Corioliskraft; sie läßt strömendes Wasser sein Bett so lange nach rechts verlagern, bis festerer Untergrund der Verlagerung Halt gebietet. Linke Ufer sind dagegen meist sumpfig. So war es auch an der Ems.
Zu Anfang des Marsches war das Wetter noch warm und sonnig. Dann aber zogen hohe Wolkenschleier auf. Am folgenden Morgen färbte ein drohendes, brandiges Morgenrot den Himmel. Gegen Mittag stiegen jenseits des Flusses schwere Wolkengebirge über den Horizont. Eine knisternde Spannung lag in der Luft. Das alles waren Zeichen, welche die als Führer dienenden Chauken und Chamaven den Römern sehr wohl zu deuten wußten.
»Thor hat seine Stiere eingespannt! Noch vor Sonnenuntergang werden wir die Räder seines Wagens dröhnen hören!«
Das Sonnenlicht wurde trübe. Immer höher stiegen im Westen die Wolkenberge empor. Manchmal zuckte nun schon ein fahler Lichtschimmer darunter hin. Dann griffen lange Schattenfinger über den Fluß. Als aber der Saum der Wolken über den Marschierenden stand, fielen die ersten Böen ein. Ein dumpfes Poltern schallte herüber.
»Das ist er! Das sind die Räder seines Wagens!«
Es wurde dunkel. Dann wurde es für Augenblicke blendend hell – ein kilometerlanger Blitz fuhr quer über den Himmel.

Schmetternd folgte der Donner. Thor, der Wetter- und Sturmgott der Germanen, hatte mit seinem Hammer Mjölnir zum ersten Male zugeschlagen!

Es war der Auftakt zu einem Inferno. Zuerst Blitz auf Blitz – dann Regen und Sturm – – aber das war noch immer nicht das Schlimmste! Der Heerzug des Vitellius war ja inzwischen der Küste schon nahe gekommen. Und in der Weite des Nordmeeres ballte sich das Verderben zusammen. Vom Sturm getrieben, brach die Flut mit besonderer Heftigkeit über die Küste und in die Mündungen der Flüsse herein.

Fast zweitausend Jahre nach dem Vitellius versuchen die Menschen sich mit den raffiniertesten Mitteln ihrer Technik gegen die Flut zu schützen. Doch auch ihre Deiche und Dämme brechen, wenn der Sturm gar zu heftig tobt. Dann stehen ihre Dörfer und Städte unter Wasser. Dann erstrecken sich riesige sturmgepeitschte Wasserflächen, wo noch kurz zuvor fester Grund gewesen ist. Dann werden Wege und Straßen zu reißenden Strömen. Wieviel schlimmer war es, als es noch keine Deiche und feste, stählerne Spundwände gab!

Zu Zeiten des Vitellius standen die Behausungen der Chauken und Frisonen zum kleineren Teil auf den wenigen natürlichen Erhebungen, zum größeren aber auf künstlich aufgeschütteten Hügeln, den Wurten oder Warften. Trieb der Sturm die Wasser des Meeres ins Land, so ragten diese Erhebungen oft nur um wenige Fuß über die grauschwarzen, schaumgekrönten Wogen. Dann schauten die Menschen mit bangen Blicken auf den Saum der Flut. Würde er noch weiter steigen? Würde die Flut diesmal auch die Häuser verschlingen?

Wehe aber dem, der es nicht vermocht hatte, sich rechtzeitig auf einen höhergelegenen Platz in Sicherheit zu bringen! Wehe dem, den das graue, weißmähnige Ungeheuer in der Niederung überraschte! Tiefer drinnen im Land mußten die Helden der Sage in engen Bergschluchten gegen feuerspeiende Drachen kämpfen. Der Held der an der Küste beheimateten Beowulf-Sage hingegen mußte hinuntertauchen in wilde Strudel, um dort den Grendel zu bestehen.

Denn Grendel war das menschenmordende Ungeheuer, das in den Strudeln hauste. Im Grunde war Grendel der Strudel selbst. Und die Kämpfe des Beowulf sind in Wahrheit die Kämpfe der Küstenbewohner gegen die verderbenbringende Macht der See.

Vitellius hatte es nicht vermocht, alle seine Legionäre rechtzeitig aus den Niederungen herauszubringen. So gerieten die Römer nun in Grendels Gewalt. Was waren die Leiden des unteren Heeres in den steigenden Sumpfwassern an den Langen Brücken gegen die Leiden ihrer Kameraden in dem Inferno, in dem man nicht sagen konnte, wo das Meer endete und das Land begann! Wie sollte man erkennen, wo unter der Flut der Boden war? Wo sollte man sich festklammern, wenn die Wellen heranstürmten?

Die schweren Rüstungen zerrten die Soldaten in die Strudel. Gepäck, tote Pferde, menschliche Leichen trieben daher. Im Tosen des Sturmes konnte man weder einen Hilferuf, noch ein Kommando vernehmen. Und wer davongespült wurde, wußte nicht, ob ihn die Strömung in den Tod reißen oder ob ihn ein gnädiges Geschick endlich doch noch auf festen Grund schwemmen würde. Man schlug mit Armen und Beinen um sich. Aber man kämpfte gegen einen Feind, der nicht zu verwunden war.

Als es dem Vitellius samt den landeskundigen Führern endlich doch gelang, die meisten seiner Leute aufs Trockene zu führen, waren die Legionen ein geschlagenes Heer. Verwundet, zu Tode erschöpft, aller Hilfsmittel beraubt, so fanden die von Germanicus ausgesandten Kundschafter ihre Kameraden, nachdem der Sturm vorübergezogen war. Sie führten die traurigen Überreste zur Weser, wohin – nach Tacitus – die Flotte gefahren war. Das war sehr wohl möglich, obgleich die Schiffe ja ursprünglich nach Westen segeln wollten. Nachdem Germanicus nämlich die Emsmündung verlassen hatte und hinaus aufs Meer gefahren war, hatten seine Lotsen gewiß den heraufziehenden Sturm bemerkt. Da hatten sie getan, was jeder Seemann in solcher Lage tut – vor dem von Südwest über West auf Nord drehenden Wind segelnd, hatten sie den nächsten sicheren Ankerplatz – die Wesermündung – angelaufen.

Was aber die Legionen des Vitellius betrifft: die hatten den Übergang über die Ems vermutlich gar nicht geschafft und waren deshalb ebenfalls nach Osten hin ins Land gezogen.
Es war also noch einmal einigermaßen gutgegangen für die Römer. Und alles in allem: bis zu einem gewissen Grad konnte Germanicus mit dem Feldzug des Jahres 15 zufrieden sein. So hatten zum Beispiel die Plünderungen im Bructererland den Fürsten Segimer dermaßen in Schrecken versetzt, daß er beschloß – wie im Frühjahr schon sein Bruder Segestes – zu den Römern überzugehen. Mag sein, daß Germanicus dies als gutes Omen nahm für seinen Plan, den Arminius von den anderen Cheruskern zu trennen. Vielleicht aber wäre es besser gewesen, er hätte das Ungemach des Vitellius und der beiden diesem Legaten unterstellten Legionen als böses Omen für den Feldzug im nächsten Jahr genommen.

Feindliche Brüder

Im Winter 15 auf 16 n. Chr. kamen die am Rhein stationierten Legionen des Imperium Romanum nicht zu beschaulicher Ruhe; zu viele Vorbereitungen für den Feldzug im kommenden Jahr mußten getroffen werden. Selbst in den entferntesten Garnisonen wurden diese Vorbereitungen spürbar. Denn selbst Kohorten aus Rätien und Vindonissa zum Beispiel sollten an dem Marsch ins germanische Tiefland teilnehmen.
Rätien aber war das Land entlang der oberen – heute bayerischen – Donau; und Vindonissa lag am Oberrhein, etwa in der Mitte zwischen dem späteren Konstanz und Basel. Früh im Jahr müssen sich diese entfernten Auxiliarverbände in Marsch gesetzt haben. Früh im Jahre 16 erhob sich der Lärm der Waffen. Es waren aber nicht die Römer, sondern die Germanen, die den Krieg begannen. Wie einen Pfahl im Fleisch empfanden sie das im Frühjahr 15 an der Grenze zwischen Bructerern und Cheruskern wiederent-

standene Aliso. Wie im Jahre 9, so versuchten sie auch im Jahre 16 die lästige Zwingburg zu brechen. Anders als im Jahre 9 blieben die Verteidiger Alisos diesmal jedoch nicht auf sich allein gestellt.
Schon waren die ersten Legionen des oberen Heeres zu Schiff an der Lippemündung eingetroffen. Im Verband mit den Legionen aus Vetera setzten sie sich entlang der Lippe in Marsch. Erneut sahen die Bructerer und die Chatten den Nachthimmel rot gefärbt von den Bränden im Marsenland. Die Chatten aber werden nicht lange auf die fernen Brände geachtet haben; denn sie bekamen auch in diesem Jahr genug im eigenen Lande zu tun. Zwar nicht Germanicus selber, aber der Legat Silius kam mit Auxiliarverbänden von Mainz her ins Chattenland. Mit dem Legaten Silius freilich meinten es die Wettergötter Germaniens nicht besser als mit dem Publius Vitellius. Diesen hätten sie im Herbst 15 mit seinen Legionen an der Küste beinahe ertränkt. Als nun Silius im Frühjahr 16 ins Chattenland zog, regnete es ununterbrochen.
Bei Regen plündert es sich schlecht. Darum gelang es den Auxiliariern des Silius nur, die Tochter des Chattenfürsten Arpus zu rauben. Die anderen der Überfallenen zogen sich in die nässetriefenden Wälder zurück. Dort waren sie in Sicherheit.
Inzwischen gelang es vor Aliso, die Belagerer zu vertreiben. Es waren sicherlich wieder nur die »Privatarmeen«, etwa des Arminius und des Inguiomerus, die hier so früh schon im Felde lagen. Darum kann auch nicht die Befreiung Alisos die Hauptaufgabe der entlang der Lippe operierenden sechs Legionen gewesen sein. Die Legionäre mußten wieder einmal schuften! Sie bauten Straßen, Dämme und Brücken. Sie geleiteten die Züge der Lastkähne auf der Lippe. Denn auch in diesem Jahr waren die Lippestraße und der Magazinplatz Aliso wichtig für die Versorgung des Heeres.
Selbstverständlich merkten die Germanen schnell, daß ihr Feind auch in diesem Jahr Großes plante. Versuchen wir uns auszumalen, was sie taten und dachten.

Sie waren zu viert – drei Männer und ein Junge von etwa

sechzehn Jahren. Drei von ihnen gehörten zum Stamm der Bructeri minores, zum Stamm der kleinen Bructerer – kamen also vom westlichen Ufer der Ems. Der vierte war ein Cherusker. Er kannte die Gegend gut. Er hatte seine Begleiter durch die Auwälder in der Ebene südlich des Wiehengebirges bis zur Weser geführt. Auf dem größten Teil ihres Weges waren sie keinem Römer begegnet. Doch als sie zur Weserfurt kamen, wären sie ums Haar einer Turme gallischer Auxiliarier in die Schwerter gelaufen. Sie kehrten um. Bei anbrechender Dunkelheit kauerten sie im Buschwerk ostwärts der Straße, auf der sieben Jahre zuvor die Legionen des Varus ins Verderben gezogen waren. Auch von der Straße her klangen Hufschlag, das Klirren von Waffen und fremdländische Worte herüber. Allerdings zog dort draußen nur eine kleine Reiterschar nach Norden; bald verklangen die Geräusche.

»Was nun?« fragte einer der Bructerer. Der Cherusker entgegnete:

»Ich weiß jenseits der Straße, droben auf der Höhe, einen Ort, wo wir lagern und ein Feuer entzünden können. Es ist ein längst verlassenes römisches Kastell.«

»Bist du närrisch? Wenn irgendwo, so sind sie dort – oder kommen doch am ehesten hinauf.«

»Wir müssen eben vorsichtig hinaufschleichen; dann merken wir schon, ob das Kastell besetzt ist. Ist es aber leer, und kämen sie erst im Laufe der Nacht, so würden sie gewiß den alten Zufahrtsweg benutzen. Den können wir gut im Auge behalten; rechtzeitig würden wir uns am Nordhang der Höhe im Wald verbergen.«

Es war Nacht geworden.

In tiefer Stille lagen die alten, an manchen Stellen schon halb eingesunkenen Wälle der kleinen Festung. Doch als sie nur noch einige wenige Schritte vom Tor trennten, blieb der Cherusker plötzlich stehen.

»Ich rieche Rauch! Es sind Menschen hinterm Wall!«

Er hatte recht. Aber es waren keine Römer. An die zwanzig Germanen hatten hier oben ein heimliches Lager errichtet. Gewiß wollten sie das Kastell nicht etwa gegen die Römer verteidigen. Einer von ihnen, ein marsischer Hunno – ein

Dorfältester und Hundertschaftsführer – sagte:
»Gegen Morgen gehen wir zum Fluß und schwimmen hinüber zum anderen Ufer. Drüben sind unsere Leute. Man kann ihre Wachtfeuer sehen.«
Wahrhaftig, vom Ostwall konnte man einen schwachen Feuerschein über dem Felsabsturz jenseits der Stromenge erkennen. Der jüngst angekommene Cherusker sagte:
»Vor sieben Jahren habe ich dort drüben an einem Feuer gestanden. Hier auf dem Wall hatten Römer Posten bezogen. Wir hatten damals ein großes Feuer entzündet – ein Signalfeuer. Und überall im Süden und Westen lohten andere Feuer, die unsere Krieger zum Aufbruch mahnten. Gegen Morgen kam eine römische Patrouille; sie muß von diesem Kastell gekommen sein. Sie kam nie hierher zurück. Ihre Gebeine müssen noch immer dort drüben zwischen den Felsen liegen. Später war ich dabei, als wir dem römischen Drachen das Haupt vom Rumpfe trennten.«
In diesem Augenblick wies der Junge, der mit den Männern auf den Wall gekommen war, nach Norden und rief aufgeregt:
»Schaut dorthin –!«
Sieben Jahre zuvor war der Himmel im Süden rot gewesen, die weite Ebene im Norden hatte in tiefer Dunkelheit gelegen. Nun war es im Süden dunkel, im Norden aber waren überall Brände zu sehen.
»Das sind keine Signalfeuer!« sagte der Hunno. »Dort brennen Dörfer und Gehöfte!«
»Es muß westlich des Flusses sein«, meinte der Cherusker, »im Land der Angrivarier!«
Der Hunno sagte nachdenklich:
»Aus der Varusschlacht brachte ich einen römischen Söldner als Gefangenen nach Hause. Er war ein Grieche. Er wußte viele Geschichten. Einmal erzählte er vom Kampf des größten Helden seines Volkes gegen einen Drachen. Stets, wenn der Held einen Kopf des Untiers abgeschlagen hatte, wuchsen zwei neue Köpfe nach. Ich glaube jetzt, der römische Drachen ist von gleicher Art! Denn Varus kam mit drei Legionen – vor zwei Jahren aber fiel der Cäsar Germanicus mit vier Legionen in unser Land ein. Im vorigen

Jahr kam er gar mit acht! In diesem Jahr werden es gewiß nicht weniger sein.«
»Und wenn das Untier in diesem Jahr zwölf Köpfe hätte«, rief nun einer der Bructerer, »wir werden sie alle herunterschlagen!«
Der Cherusker aber sagte beim Anblick der fernen Feuer: »Gestern habe ich die römischen Reiter für den Vortrab gehalten; in Wirklichkeit muß es der Nachtrab gewesen sein. Das Heer ist längst vorübergezogen und lagert schon nördlich des Gebirges.«
Er täuschte sich.
Die sechs Legionen, die von Aliso nach Norden zogen, lagerten in dieser Nacht noch weit im Süden, fast genau an der Stelle, wo einst der unglückliche Varus sein letztes Lager gehabt hatte. Der Cäsar Germanicus aber war mit zwei Legionen an Bord der Flotte gegangen. Nun kam er mit einem Schiffskonvoi die Weser herauf. Die Schiffe trugen den gesamten Nachschub für den Feldzug im bevorstehenden Sommer.
Angesichts der waffenstarrenden Legionen ließen die rechts und links der Weser siedelnden Angrivarier den Konvoi ungehindert passieren. Doch nachdem die Hauptmacht vorübergezogen war, griffen sie die Nachhuten an. Sie kannten die Reiter des Stertinius noch nicht. Nun lernten sie den Chefplünderer kennen!
Natürlich blieb auch den Germanen auf dem Ostufer der Weser nicht verborgen, was im Lande der Angrivarier vor sich ging. Stellen wir uns vor, am Wachtfeuer über den Felsen gegenüber dem alten Kastell hätten Arminius selber und sein Onkel Inguiomerus gestanden und hinunter in die nächtliche Ebene geschaut. Es ist nicht schwer, sich vorzustellen, was der jähzornige und ungestüme Inguiomerus beim Anblick der Feuersbrunst dachte und sprach:
»Da schaue ich nicht tatenlos zu! Morgen reite ich nach Norden! Ich will die Römer das Fürchten lehren!«
»Sei nicht töricht!« mag Arminius erwidert haben. »Wenn du im freien Feld von den Legionen gestellt wirst, bist du verloren. Denk an die Langen Brücken!«
»Was ich darüber denke, ist jetzt nicht wichtig! Ich denke

nur, daß es unter unseren Männern gärt. Die einen sind vor Zorn kaum noch zu zügeln. Die anderen aber – sie reden heimlich miteinander! Sie schweigen, wenn ich komme. Sie reden vom Segestes und vom Segimer! Was ist, wenn ihre geheimen Sendboten unter uns weilen und die Geschäfte ihrer Herren betreiben? Oh, ich kann mir vorstellen, wie sie reden! ›Schaut nach Süden‹, sagen sie. ›Dort liegen die Höfe und Dörfer des Segestes und des Segimer. Auch dort sind die Römer. Dort aber brennt es nicht. Wie wird es bei uns sein, wenn demnächst der Cäsar mit den Legionen über die Weser kommt?‹ Wir müssen diese Kleinmütigen durch Taten wieder standhaft machen!«
Als ob Arminius nicht ohnehin gewußt hätte, wie die Stimmung im Germanenheer war! Aber was änderte das an den harten militärischen Fakten? Arminius sagte:
»Du wirst nicht ins Land der Angrivarier reiten!«
Darauf mag Inguiomerus erwidert haben:
»Nun, sei es drum –! Sobald aber die ersten Feuer ostwärts der Weser brennen, hältst du mich nicht mehr zurück!«

Es gibt übrigens keine Überlieferung, die besagt, daß Segestes und Segimer im Jahre 16 mit dem römischen Heer zur Weser gezogen wären. Tacitus aber berichtet von einem Gespräch, das der Explorator Flavus mit seinem Bruder Arminius führte.
Gleich nachdem die Weser die Enge zwischen den Bergen hinter sich gelassen hatte, verzweigte sich damals der noch nicht regulierte Strom in mehrere Arme. Arminius kam zu einem schmalen Seitenarm geritten und rief zu den am jenseitigen Ufer stehenden römischen Vorposten hinüber, ob der Cäsar Germanicus bereits beim Heere eingetroffen wäre. Der herbeigerufene Stertinius bejahte die Frage. Darauf erbat Arminius die Erlaubnis des Oberbefehlshabers zu einem Gespräch mit seinem Bruder. Die Erlaubnis wurde erteilt. So kam Flavus dahergeritten, gewiß in seiner prächtigsten Paradeuniform als römischer Offizier. Mehrere Tapferkeitsmedaillen schmückten seine Brust. Auf dem Helm trug er die Corona – die Bürgerkrone. Aber sein Gesicht war entstellt – ein Auge fehlte ihm, und

quer über die Augenhöhle, Wange und Mund lief die Narbe, die ein Schwerthieb hinterlassen hatte.

Arminius fragte:

»Was hast du als Lohn erhalten dafür, daß du den Römern ein Auge geopfert hast?«

Flavus wies auf seine Orden und auf seine Rangabzeichen.

»Das ist Sklavenlohn!« erwiderte Arminius. »Hast du vergessen, daß du einst frei und Herr deiner Entschlüsse gewesen bist? Weißt du nichts mehr von deinen Pflichten gegen das Vaterland? Was hältst du von jenen, die schwangere Frauen zu Gefangenen machen?«

Flavus erwiderte, jeder von denen, die sich zu den Römern bekannt hätten, würde mit Milde behandelt; noch nicht einmal Thusnelda könnte über Härte klagen.

Man kann sich vorstellen, wie das auf den Cheruskerfürsten wirken mußte! In Kürze wurde aus dem Gespräch ein wilder Streit. Und hätte Stertinius nicht den Flavus, hätten die Germanen nicht den Arminius zurückgehalten – die beiden Brüder hätten den Streit nicht nur mit Worten, sondern auch mit Waffen ausgetragen.

Ein solcher Ausgang des Zusammentreffens war freilich zu erwarten gewesen. Warum hatte Arminius das Gespräch überhaupt gesucht? – Wahrscheinlich tat er es, um mit seinen Leuten darüber reden zu können. Wahrscheinlich ging er am folgenden Abend von Feuer zu Feuer und sagte: »Unter euch sind viele, die meinen Bruder Flavus als Knaben und Jüngling kannten. Erinnert euch: war er nicht einem jungen Gott ähnlich mit seinem lichtblonden Haar und mit seinen strahlenden Augen? – Heute habe ich ihn wiedergesehen. Es gab mir einen Stich ins Herz! Sein Antlitz ist zerfetzt! Man kann ihn kaum verstehen, wenn er spricht; denn seine Lippe ist gespalten. Und all das hat er nicht im Kampf um sein Volk, sondern im Sklavendienst erlitten! Er lobt die Milde der Römer – auch ein Hund ist zufrieden, wenn ihn sein Herr nicht tritt! Wollt auch ihr euch hinfort mit solch hündischer Zufriedenheit bescheiden?«

Jedenfalls: im Gespräch zwischen Arminius und Flavus verdichtete Tacitus die widerstreitenden Gefühle der Germanen. Es ist also allein schon das erwähnte Gespräch ein Hinweis darauf, daß im Sommer 16 auch Segimer und Segestes die Hand im Spiele hatten – einerlei, ob sie beim Heere weilten oder auf den ihnen zugewiesenen Gütern, in ihren Villen jenseits des Rheines, saßen. Ja, vielleicht konnten sie von dorther sogar viel besser wirken als an der verhärteten, waffenklirrenden Westgrenze des Cheruskerlandes. Dessen Südgrenze verlor sich doch in die Tiefen des riesigen Hercynischen Waldes. Von dorther war schon immer vieles nicht so recht Geheure und Fremdartige nach Norden gekommen. Denn im Hercynischen Wald bis tief ins spätere Franken hinein, fast bis an die rätische Grenze, hausten die Hermunduren. Sie waren unbedingt römerfreundlich. Gesandte, die im römischen Interesse von einem Segestes oder Segimer kamen, wurden bei ihnen gewiß gut aufgenommen und auf sicheren Wegen in die cheruskischen Grenzdörfer geleitet. So mögen gerade im Sommer 16 recht oft fremde Handelsleute in den entlegensten Dörfern des Cheruskerlandes aufgetaucht sein – Händler, die in Wahrheit politische Agenten des Segestes und des Segimer waren. So mag mancher Cherusker, der zum Heere zog, nur halben Herzens bei diesem Unternehmen gewesen sein, und viele dürften überhaupt zu Hause geblieben sein.

Auf dem Idistavisofelde

Von Süden kommend, krümmt sich der Flußlauf der Weser zunächst nach links, um sodann – nach einer jähen Rechtsschwenkung – durch einen tiefen Einschnitt im Gebirge in die Ebene hinauszuführen. Dort draußen sind seine Ufer an beiden Seiten flach; südlich der Enge erheben sich am rechten Ufer bewaldete Höhenzüge, nur eine schmale Ebene bleibt frei zwischen Strom und Wald. Diese Ebene wurde nach Meinung einiger Historiker und – mit aller Bescheidenheit – auch nach Meinung des Verfassers dieses Buches um die Zeitenwende das Mägdefeld, das Idistavisofeld, genannt.
Vom Mägdefeld gesehen jenseits des Stromes verlief der

alte germanische Hellweg, der von Aliso nach Norden führte. Hinter der Stromenge, ungefähr dort, wo später die Stadt Minden liegen sollte, traf er auf einen zweiten Hellweg, der in west-östlicher Richtung, zunächst nördlich des Wiehengebirges, dahinführte, um jenseits des Flusses, etwa in der Gegend des späteren Ortes Nammen, im Walde zu verschwinden. Der zweite Weg wurde also vom sanft ansteigenden Nordhang des Wesergebirges überhöht.
Kurz vorm Ort Nammen schneiden zwei Schluchten nach Süden ins Gebirge hinein; dort kann man auch heute noch im Walde die Reste einer Wallanlage erblicken. Der nördliche Wall der Anlage sperrt etwa in halber Höhe den Hang zwischen den Schluchten. Oberhalb der Schluchten laufen der östliche und der westliche Wall, sie enden droben auf dem Kamm an den steil abfallenden, nach Süden gerichteten Felsklippen des Roten Brinks. Steht man über den Klippen, so schaut man hinunter auf das Mägdefeld. Die Anlage wird das Nammer Lager genannt, sie ist uralt – eine germanische Fluchtburg aus der Zeit, mit der sich dieses Buch beschäftigt.
Im Jahre 16 stand das römische Lager auf dem Westufer der Weser, ungefähr dort, wo die beiden obengenannten Straßen aufeinandertrafen. Es war ein riesiges Lager – wenn es nicht überhaupt zwei benachbarte Lager waren. Denn acht Legionen mit den zugehörigen Hilfs- und Reiterverbänden ergaben ein Heer von ca. 70 000 waffenfähigen Männern. Mit dem nötigen Troß waren das über 100 000 Mann. Das Heer der Germanen hingegen dürfte ungefähr 50 000 Krieger gezählt haben. Sie steckten in den Wäldern ostwärts des Flusses und hatten gewiß auch die beschriebene Umwallung – das Nammer Lager – besetzt.
Bei solcher Konzentration feindlicher Streitkräfte auf so engem Raum war es klar, daß es nicht lange nur bei dem Streitgespräch der beiden Brüder bleiben konnte. Gerade wenn die Römer beabsichtigten, dem Arminius durch die Machenschaften eines Segestes, eines Segimer und anderer das Gefolge abspenstig zu machen, mußten sie den noch Unentschlossenen immer wieder vor Augen führen, was es hieß, das Imperium zum Feinde zu haben. Inguiomerus

brauchte nicht lange zu warten, bis ostwärts der Weser Dörfer und Gehöfte brannten!
Die römischen Reiter gingen weiter nordwärts über den Strom; Stertinius und ein Primuspilar – also ein Centurio I. Klasse – namens Ämilius führten sie. »An der reißendsten Stelle« (Tacitus) überquerte der Bataverfürst Chariovalda mit seinen Kriegern den Fluß. Die am Niederrhein beheimateten, germanischen Bataver waren ebenso gute Reiter wie Kämpfer. Sie warfen die ihnen gegenübertretenden Gegner zurück und verfolgten sie hinein in den Wald. Genau das hätten sie nicht tun sollen; denn genau das hatte Arminius erwartet!
Auf einer Waldlichtung wurden die Bataver eingeschlossen. Sie kämpften mit großer Tapferkeit. Doch die Übermacht war zu groß. Beim Versuch durchzubrechen fiel Chariovalda – er selber und sein Pferd waren von Wurfspeeren förmlich gespickt. Gerade noch rechtzeitig kamen Stertinius und Ämilius zur Hilfe; sonst wären wohl alle Bataver ums Leben gekommen.
Es war nichts mit dem Plündern ostwärts des Stromes, solange das Heer der Germanen in den Wäldern um das Nammer Lager stand! Noch nicht einmal die Legionen konnten unter diesen Umständen über den Fluß gehen und weiter nach Osten marschieren. Denn wären alle acht Legionen vorgerückt, so wäre das Lager mit den Schiffen und allem Proviant ohne ausreichenden Schutz geblieben; außerdem wären eventuell notwendige Nachschübe dem Zugriff der Germanen ausgesetzt gewesen. Hätte sich das Heer aber geteilt, so hätten sich die Germanen mit ihrer gesamten Streitmacht nacheinander auf die Teile stürzen können.
Die Germanen also mußten aus ihrer Stellung vertrieben werden, wollte man nicht waffenschwingend und unter Trompetengeschmetter, aber in Wirklichkeit ohne etwas zu erreichen auf dem Westufer der Weser stehenbleiben. Wie aber konnte das geschehen?
Versuchen wir uns vorzustellen, was im römischen Kriegsrat über dieses Problem verhandelt wurde.
Der Cäsar sagte:

»Auch die Germanen müssen essen. Wo liegt ihr Magazin? – Ich habe die Exploratores mit der Suche beauftragt; nun weiß ich: die Germanen haben ihre Herden und die notwendigen Futtervorräte in den Gehöften und Dörfern am Ostende des Idistavisofeldes. Wir werden auf das Idistavisofeld ziehen, als ob wir das Magazin angreifen wollten.«
Die Legaten dürften von diesem Plan entsetzt gewesen sein. Legen wir einem von ihnen folgende Worte in den Mund:
»Cäsar, es ist jetzt 233 Jahre her, da zog ein römisches Heer auf einer schmalen Straße zwischen Fels und See dahin. Es war noch früher Morgen; die aus dem Wasser steigenden Nebel hüllten die Kolonne ein. Plötzlich erhob sich der Lärm von Waffen. Von den Felsen herunter, von vorn und von hinten wurde das Heer angegriffen. In der Enge konnte es sich nicht entfalten. Wo die Unsrigen siegreich waren, konnten sie ihren Gewinn nicht ausnutzen: jenen, die in Gefahr waren, konnten die Freunde nicht zu Hilfe kommen; viele standen zunächst untätig in der Enge, weil sich ihnen kein Gegner zeigte. So wurde das ganze Heer vom Feinde grausam hingemordet. Cäsar, du weißt gewiß, wo diese Schlacht stattgefunden hat!«
»Ich weiß es! Es war die Schlacht am Trasimenischen See, in welcher der Punier Hannibal das Heer des Konsuls Gaius Flaminius vernichtete. Ich weiß auch, was du mit diesem Beispiel andeuten willst! Du meinst, auf dem Idistavisofelde wären wir zwischen Fluß und Waldeshöhen in der gleichen Lage wie das Heer des Flaminius zwischen See und Fels. Aber laß dir sagen: ein Hinterhalt, den man kennt, ist kein Hinterhalt mehr – er könnte aber sehr gut zum Hinterhalt für den Gegner werden!
Noch einmal – wir ziehen auf das Idistavisofeld! Der Cherusker wird uns angreifen.«
Das hatte der Cherusker zweifellos im Sinn! Kann sogar sein, daß er, der Latein konnte, von der Schlacht am Trasimenischen See gelesen oder gehört und danach seine Stellung ausgewählt hatte. Am nächsten Morgen meldeten ihm die zur Weser vorgeschobenen germanischen Posten, daß im römischen Lager verdächtige Unruhe herrschte.

Römische Legionäre beim Flußübergang.

Nicht lange danach kam die Nachricht, starke römische Auxiliarverbände hätten das Lager verlassen und begännen den Übergang über die Weser.
Die germanischen Reiter sammelten sich am Nammer Lager. Dann ritten sie hinaus aufs freie Feld. Nicht lange, und durch den Morgennebel drang Waffenlärm herüber. Nicht lange, und ein Reiter brachte die Meldung, ein Verband römischer Legionäre hätte die Weser überschritten und in die Kämpfe eingegriffen. Die ersten germanischen Reiter kamen zurück. Einige brachten einen Gefangenen mit sich. Vielleicht erfuhren die germanischen Führer schon von ihm, daß der Cäsar Germanicus beabsichtigte, auf das Mägdefeld zu ziehen? Vielleicht wurde

dieser Gefangene aus Freude über die sehr erwünschte Nachricht besser als üblich behandelt?
Die Germanen riefen ihren Beobachtungsposten vom Felsen über der Stromenge zurück. Sie räumten gegen den ständig zunehmenden Druck der römischen Vorhuten das Nammer Lager. Denn kein germanischer Heerführer war töricht genug, eine solche Burg gegen ein römisches Heer verteidigen zu wollen. Man hätte sich selber festgenagelt. Der beste Schutz gegen die Legionen war es, sich ungreifbar in die Tiefe des Waldes zurückzuziehen.
Die Sonne ging auf.
Auf irgendeiner der waldigen Höhen am Rande des Idistavisofeldes standen Arminius und Inguiomerus und schauten hinunter auf die schmale Ebene. Über dem Fluß und über dem tieferen Gelände lagen noch dichte Nebel. Doch weiter hinauf wurden die Schwaden licht. So konnten die germanischen Führer römische Waffen an den Ausgängen der beiden, das Nammer Lager einschließenden Schluchten blitzen sehen.
Es wurde Zeit, die eigenen Streitkräfte zu entwickeln. »Wir sammeln uns im Walde entlang dem Mägdefeld – am Waldrand die Verbündeten, die Cherusker weiter oben, auf und hinter dem Höhenkamm. Wir werden den Anfang und die Mitte des römischen Heerzuges vorüberlassen. Dann greifen wir mit aller Macht die am Schluß Ziehenden an. Wir werden sie vernichten, bevor die Vorausgezogenen zurückkommen können. Dann haben wir auch gegen diese die Übermacht.«
Die Sonne stieg höher. Die Nebel zerteilten sich. Wer immer die hinter den Höhen verborgenen Cherusker befehligt haben mag – ob Inguiomerus oder Arminius selber –, stundenlang sah er tatenlos zu, wie sie dort unten vorüberzogen: zunächst Auxiliarverbände, dann vier Legionen, gefolgt von zwei Kohorten Prätorianer als Bedeckung des hier reitenden Germanicus. An sie schlossen sich die römischen Reiter, dann erneut vier Legionen und wiederum Auxiliarier als Schluß an. Siebzigtausend – das gab eine Kolonne von beinahe zwölf Kilometer Länge!
Gegen Mittag mögen fern im Osten Rauchsäulen über die

Wälder gestiegen sein: die Spitze des römischen Heerzuges hatte die als Magazin dienenden Gehöfte und Dörfer erreicht! Da gab der Führer der Cherusker das Zeichen zum Angriff. Wer immer es war – er gab es zu früh!
Es konnte ja der in vielen Waldkämpfen nun wohlerfahrenen römischen Führung nicht wirklich verborgen geblieben sein, wo die Hauptmacht der Germanen steckte. Sie hatte zweifellos neben den marschierenden Kolonnen Patrouillen in die Wälder vorgetrieben. Und wenn diese auch nicht an die verborgenen Haufen der Cherusker herangekommen waren – dort, wo die germanischen Vorposten die geballte Macht hinter sich gewußt hatten, war ihr Widerstand natürlich hartnäckiger gewesen als an den Stellen, wo sie nur die zum Ausweichen verlockende Tiefe des Waldes hinter sich gehabt hatten. Sobald also der römischen Führung aus der Aufstellung des Gegners klar geworden war, daß sich die Germanen mit gesammelter Macht auf den hinteren Teil des Heerzuges stürzen wollten, wurden nur schwächere Vorausabteilungen nach Osten gejagt, der Marsch der Hauptmacht aber sehr verlangsamt, ja, an geeigneten Stellen ganze Abteilungen in Deckung angehalten. Der größte Teil des römischen Heeres war also den hervorbrechenden Cheruskern viel näher, als diese es vermuteten. Und darum rannten die Germanen nun selber in die Falle.
Germanicus schickte die ihn begleitende römische Kavallerie den Cheruskern in die Flanke. Stertinius bekam Befehl, mit den vorausgerittenen leichten Reiterverbänden den Germanen in den Rücken zu reiten. Die vier Legionen am Schluß des Zuges stellten sich den Germanen frontal entgegen. Germanicus selber führte die vier anderen Legionen heran.
Es wurde ein Gemetzel! Die Legionen drückten die Germanen in den Wald hinein. Die Reiter und Auxiliarier trieben sie wieder heraus. Auch Arminius befand sich unter den Eingeschlossenen. Er wurde verwundet. Er beschmierte sein Gesicht mit dem eigenen Blut, um nicht erkannt zu werden. Doch chaukische Auxiliarier erkannten ihn und – ließen ihn aus der Umklammerung entkommen! Denn wenn sie ihn auch bekämpften – als Gefangenen der Römer sehen

Römischer Reiter auf einem Grabmonument aus Köln.

wollten sie ihn nicht. Viele Germanen brachen zur Weser durch. Manche gelangten aufs jenseitige, aufs »römische«, doch an diesem Tag von Römern freie Ufer. Viele aber wurden im Wasser von römischen Geschossen getroffen oder ertranken in dem wilden Gewühl.
Die Schlacht währte bis in die Nacht.
Laut Tacitus bedeckten nach der Schlacht die Toten eine Strecke von zehntausend Schritt. Das waren sechs bis acht Kilometer.

Gewonnene Schlachten und doch kein Sieg

Nach der Schlacht auf dem Idistavisofelde glaubten sich die Römer am Ziel. Sie riefen den Kaiser Tiberius als den nominellen Oberbefehlshaber aller Truppen zum Imperator aus. Auch ein Siegesmal wurde errichtet. Das alles nahm natürlich einige Tage in Anspruch. In diesen Tagen dürfte Germanicus stündlich auf die Ankunft germanischer Unterhändler mit dem Anerbieten der Unterwerfung und der Bitte um Gnade erwartet haben. Er hatte in dieser Zeit gewiß kein Interesse an einer harten Heimsuchung des Cheruskerlandes. Ja, man kann sich vorstellen, daß er seinen Exploratoren und Auxiliariern Befehl gab, bei ihren unerläßlichen Aufklärungsritten möglichst schonend vorzugehen. Aber die Unterhändler kamen nicht. Statt dessen sahen sich römische Streifscharen schon bald wieder heftigen germanischen Angriffen ausgesetzt.

Was waren die Gründe für diesen unerwarteten Widerstand? Tacitus meint:

Nicht ihre Wunden, ihre Trauer, ihre Verluste schmerzten die Germanen so wie der Anblick (des Siegesmales) – – alles bewaffnete sich eilig. Volk und Adel, Jünglinge und Greise griffen unvermutet den römischen Heerzug an – –
(*Tacitus, Annalen – II. Buch, Kapitel 19*)

Für Tacitus war dies die Verhaltensweise eines Volkes von Helden. Jedenfalls sah er die Germanen so. Und es mag sein, daß Ruhm und die Vollbringung von Heldentaten die Beweggründe der Kriegspartei unter den Cheruskern waren. Aber ein ganzes Volk von Heroen –?

Wie sah es denn in den Dörfern und auf den Gehöften aus? – Auf dem Hof war die Hausherrin mit ihren Töchtern und Mägden zurückgeblieben. Das männliche Geschlecht wurde vertreten von Greisen, Wehrunfähigen, Sklaven, Knaben von höchstens zwölf, dreizehn Jahren. Auf solchen Hof kam eine kleine Schar germanischer Flüchtlinge. Es ist höchst zweifelhaft, daß sie von dem Siegesmal der Römer auf dem Mägdefeld wußten; hingegen wußten sie um so mehr vom Wüten der Römer nach der Schlacht zu berichten.

»Manche von uns waren auf die Bäume geklettert, um sich im Geäst zu verbergen. Die Römer machten sich das Vergnügen, die Entdeckten mit Pfeilen an die Stämme zu spießen. Andere wurden zerschmettert, als man die Bäume fällte!« (Tacitus). Wer glaubt im Ernst, daß solche Schilderungen den Durchschnittsmenschen zur Erneuerung des Widerstandes ermutigten?
»Was sollen wir tun?« fragte die Hausfrau den Führer der Flüchtlinge.
»Ihr müßt fort! Denkt an die Feuer im Land der Angrivarier! Schaut eure Kinder an! Wenn sie den Römern in die Hände fallen, seht ihr sie niemals wieder.«
So wurde beschlossen, nach dem Sonnenuntergang mit dem Notwendigsten nach Osten zu fliehen. Doch es war schon zu spät zur Flucht. Noch war es hell, da kam ein Trupp fremdländisch aussehender Reiter auf den Hof. Sie trugen bis zu den Knien reichende Kettenpanzer und an den Beinen halblange Hosen. Ihre Füße steckten in geschnürten Stiefeln. Bewaffnet waren sie mit Lanze und Schwert, mit Helm und Schild. Es waren treverische Auxiliarier. Sie verlangten Futter für ihre Pferde und Essen für sich selber. Als sie den Hof durchsuchten, fanden sie die germanischen Flüchtlinge – etwa in der abseits gelegenen, halb in den Boden versenkten Spinnhütte oder in dem auf Pfosten stehenden Vorratshaus. Anfangs sah es aus, als wollten sie die Entdeckten sofort erschlagen. Doch einer war bei ihnen, der redete auf den Führer der Schar ein, solange, bis dieser befahl, den Gefangenen kein Leid zu tun.
Der Mann, der sich für die Flüchtlinge verwendet hatte, war selber Cherusker. Er trat zu der Herrin des Hofes.
»Hab keine Furcht!« sagte er. »Der Cäsar Germanicus will nicht unseren Untergang. Er wird volle Verzeihung gewähren jedem, der sich der römischen Herrschaft unterwirft. Schau mich an! Ich habe als Gefolgsmann des Fürsten Segimer gegen den Varus gekämpft. Jetzt diene ich dem Cäsar. Und mir geschieht kein Leid.«
Wer könnte es der Frau verübeln, wenn sie nach diesen Worten Erleichterung, ja beinahe Dankbarkeit empfand, wenn sie Hoffnung schöpfte, es werde wohl doch nicht so

schlimm kommen, wie man befürchtet hatte? – Von Flucht nach Osten war jedenfalls nicht mehr die Rede.

Die Nacht sank herein. Nun schirmten die Dächer des Hofes Germanen und Auxiliarier.

Die Nacht verstrich. Als sie am dunkelsten war – kurz vor dem Morgengrauen – brachen erneut Bewaffnete in den Hof; diesmal waren es Männer der cheruskischen Kriegspartei. Es kam zu einem wilden Kampf. Dann lagen die meisten der überraschten Auxiliarier in ihrem Blut. Einigen wenigen gelang die Flucht.

»Sie werden Verstärkung holen!« sagte einer der Cherusker.

»Laß sie!« erwiderte der Hunno, der den Überfall geleitet hatte. »Es ist nur gut, wenn die Römer erfahren, was hier geschehen ist. Wenn ihr Blut in Wallung gerät – –«

Tatsächlich werden viele Römer, wenn sie immer wieder vom Tod ihrer Kameraden erfuhren, den Befehl des Cäsars vergessen und Rache an jedem ihnen in die Hände fallenden Germanen genommen haben. Wiederum flog der rote Hahn auf die Dächer der Häuser. Kann sein, daß manche Höfe und Dörfer brannten, ohne daß Römer sie angezündet hatten! Von den Nachbarn dieser Dörfer wurde freilich auch solcher Brand den Römern zugerechnet. So wurden selbst die Zaghaften durch Angst und Entsetzen veranlaßt, den Widerstand zu erneuern. So schaukelten Aktion und Reaktion einander zu neuer Gewalttat auf, ohne daß die meisten Germanen und die römische Führung es gewollt hätten. Damit aber hatte die cheruskische Kriegspartei den heimlichen Krieg um die Seelen ihres Volkes gewonnen. Der große, offene Krieg gegen die römischen Eroberer konnte weitergehen. Sogleich verstand es die germanische Führung dabei, den Cäsar Germanicus in eine gefährliche Zwangslage zu bringen.

Etwa dreißig Kilometer nordwestlich der heutigen Stadt Hannover liegt das sogenannte Steinhuder Meer. Es ist der größte Binnensee Nordwestdeutschlands. Damals erstreckte sich westlich des Sees ein großes, kaum begehbares Sumpf- und Waldgebiet. Das Gebiet trennte die Völker-

schaften der Cherusker im Süden und Angrivarier im Norden voneinander. Nur ganz im Westen, entlang dem Ostufer der Weser, führte ein Streifen festeren Grundes von Süd nach Nord. Diesen Geländestreifen aber hatten die Angrivarier durch einen Grenzwall gesperrt. Denn wenn auch im Jahre 16 Cherusker und Angrivarier Verbündete waren – für alle Zeiten pflegte solche Freundschaft zwischen Germanen nicht zu dauern. Man ist heute ziemlich sicher, den Grenzwall der Angrivarier beim Dorf Leese wiedergefunden zu haben. Nach den Resten zu schließen, war er ein Holz-Erde-Bau, an der Vorderfront mit aufgemauerten Grassoden und Pfosten aus Baumstämmen versehen. Seine Krone dürfte eine Brustwehr aus Flechtwerk getragen haben.
An diesem Grenzwall, in den Wäldern und Sümpfen ostwärts davon und in einer inmitten der Sümpfe gelegenen Fluchtburg der Angrivarier sammelten sich zu Ausgang des Sommers 16 die Germanen nach der für sie unglücklich ausgegangenen Schlacht auf dem Idistavisofeld. Das war eine sowohl taktisch wie strategisch sehr klug gewählte Stellung. Zum Strategischen: Germanicus hatte geplant, einen großen Teil seines Heeres auch den Heimweg durch das Lippetal nehmen und ihn dabei aus den dort gelegenen Magazinen – wie Aliso – versorgen zu lassen. Er selbst hatte beabsichtigt, mit dem Rest des Heeres per Schiff entlang der Küste nach Vetera zu ziehen. Entsprechend waren die auf der Versorgungsflotte herangebrachten Vorräte bemessen. Es war nun recht spät im Jahre geworden. Die auf der Flotte ins Lager gebrachten Vorräte gingen zur Neige; man mußte den Heimweg antreten. Das aber war nun ohne weiteres nicht mehr möglich! Germanicus konnte doch nicht sechs Legionen aus der Gegend des heutigen Minden nach Süden schicken, selber aber mit zwei Legionen und der Flotte nach Norden ziehen, wenn ihn dort – am Grenzwall – die versammelte Macht der Germanen erwartete! Er mußte vielmehr mit allen seinen Truppen zunächst nach Norden gehen, dort zur Schlacht aufmarschieren, die Germanen angreifen und derart zersprengen, daß sie nicht mehr in der Lage waren, die einzelnen Teile des Heeres zu gefährden.

Selbst wenn er am Siege in der Schlacht selber nicht zweifeln mochte: das alles war eine sehr bedenkliche Verzögerung – einmal, wie schon angedeutet, der zur Neige gehenden Vorräte halber, zum anderen – – Zu diesem anderen wollen wir mehr im nächsten Kapitel sagen.

Jetzt zum taktischen Vorzug der germanischen Stellung: Der Grenzwall lag nicht am Beginn, sondern in der Mitte der Enge zwischen Fluß, Wald und Sumpf. Wollten die Römer den Wall angreifen, so mußten sie in die Enge hinein. Sie kamen von Süden, mußten demnach erwarten, aus den sumpfigen Wäldern zur Rechten in ganzer Länge ihrer Kolonne dauernd angegriffen zu werden. Es war eine ganz ähnliche Situation wie auf dem Idistavisofelde, nur daß die Germanen in den von Sümpfen durchsetzten und umgebenen Wäldern von der Flanke her kaum anzugreifen waren. Und der Grenzwall selber stellte ja auch ein beachtliches Hindernis dar – ein sehr beachtliches sogar! Das sollten die Legionen an der Spitze nur zu bald erfahren!

Sie griffen den Grenzwall an – wieder und wieder. Wieder und wieder aber wurden sie von den auf sie herunterprasselnden Wurfgeschossen zurückgetrieben. Endlich sah Germanicus ein, daß man so nicht weiterkommen würde. Er befahl die Wurfgeschütze nach vorn.

Nun durchschlugen die speerlangen Pfeile der Katapulte das Flechtwerk der Brustwehr. Nun schlugen die von den Onagern geworfenen Steine die Zinnen herunter. Schließlich standen die Verteidiger schutzlos auf der Krone des Walles. Da gaben sie ihre Stellung auf.

Inzwischen war auch in der Enge der Kampf entbrannt. Draußen in der Ebene vor der Enge aber schlugen sich die römischen Reiter mit den aus den Wäldern hervorbrechenden und dorthin immer wieder zurückweichenden germanischen Berittenen herum.

Alles in allem war es ein erbitterter, für die Römer wenig befriedigender Kampf. Denn weil zwischen Fluß, Wald und Sumpf großzügige Operationen nicht möglich waren, gelang es wohl hier und da, kleinere germanische Abteilungen gegen einen Sumpf zu drücken, sie auf diese Weise festzunageln und zu vernichten, doch zu wirklicher Entscheidung

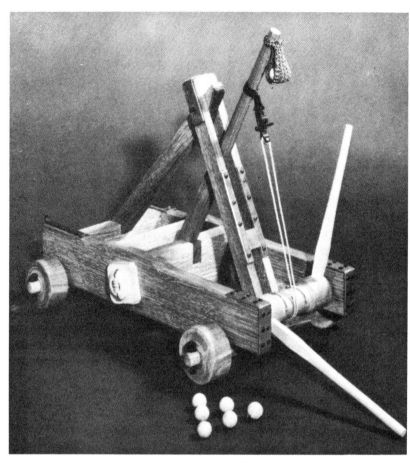

Onager. Römisches Schleudergeschütz für Steinkugeln. Rekonstruktion.

kam es nicht. Wie sehr dieser zähe Kampf, wie überhaupt die ganze Verzögerung und der unerwartete Widerstand der Germanen nach dem anfangs so erfolgreich erscheinenden Gefecht auf dem Idistavisofelde, an den Nerven des Germanicus zerrte, zeigt folgendes Zitat:
Germanicus hatte, damit ihn jeder erkennen könne, den Helm abgenommen und rief den Soldaten zu: »Nur weiter im Gemetzel! Gefangene nützen uns nichts. Die Vertilgung des ganzen Volkes (der Cherusker) ist das einzige Mittel, den Krieg zu Ende zu bringen – –
(Tacitus, Annalen – II. Buch, Kapitel 21)
So hatte der Cäsar noch kurz zuvor nicht gesprochen! Das

paßte nicht zu seinem früheren Verhalten gegen den Segimer und den Segestes. Das zeigte: Obgleich es ihm gelang, den Grenzwall zu erstürmen, obgleich es ihm auch hier gelang, das Schlachtfeld zu behaupten, obgleich die Angrivarier schließlich Unterhändler schickten – der Cäsar verzweifelte an seinem Plan, den Großteil der Germanen durch eine wohldosierte Mischung von Drohungen und Versprechungen dem Arminius abspenstig zu machen. Das aber war das Hauptanliegen der Römer im Jahre 16 gewesen.

Es war für die Römer ein böses Omen –

Während die zum Marsch nach Aliso bestimmten Legionen für einige Tage noch als Sicherung in der Nähe des Angrivarierwalles blieben, während die Reiter des Stertinius im Angrivarierland letzte Widerstandsnester beseitigten, marschierte Germanicus mit zwei Legionen und den zuge-

Katapult zum Verschießen von Bolzen oder langen Pfeilen. Rekonstruktion.

hörigen Hilfstruppen weserabwärts. Die Versorgungsflotte fuhr auf dem Strom nebenher. Etwa halbwegs zwischen dem späteren Bremen und Bremerhaven, dort, wo der Fluß am weitesten nach Westen biegt, versorgte sich das Heer noch einmal aus den Schiffen, um sodann in Richtung auf das heutige Leer quer über Land zu ziehen. Dort nämlich lag noch immer die Transportflotte auf der Ems. Dort schiffte der Cäsar seine Truppen ein – –
– *und fuhr mit ihr die Ems hinunter – in den Ozean – –*
(Tacitus, Annalen – II. Buch, Kapitel 23)
Die Gegend des heutigen Leer lag damals ja noch viel weiter von der Mündung des Flusses entfernt als heute. Tacitus' Worte »die Ems hinunter« haben demnach auch dann ihre Richtigkeit, wenn man das Schiffslager so weit flußabwärts und nicht etwa – wie geschehen – weiter stromauf, bei Meppen etwa, gelegen sein läßt.
Der Marsch des Cäsars dürfte etwa zwei Wochen gedauert haben. Inzwischen hatten die anderen Legionäre längst den Heimweg angetreten und waren dem Rhein schon nahe. Das ganze Cheruskerland, auch die westlichen Grenzgebiete, waren frei vom Feind. Aber das wären sie ohne den erneuten Widerstand der Germanen am Angrivarierwall vermutlich schon drei Wochen früher gewesen. Es fragt sich also, warum die germanischen Führer noch einmal eine Schlacht gewagt hatten. Sie hatten doch gewiß nicht angenommen, die Römer entscheidend schlagen und ihnen den Marsch weserabwärts verwehren zu können. War es ihnen nur um die Verzögerung gegangen? Und wenn das der Fall war – was versprachen sie sich davon?
Arminius war kein Seegermane. Aber es ist anzunehmen, daß er die Küste und die dort herrschenden Witterungsabläufe kannte. So wußte er sicherlich von den verheerenden Stürmen, die um die Tag- und Nachtgleiche, um Mitte September also, zu erwarten waren. Sicherlich wußte er auch, was es bedeutete, im Wattenmeer in solche Stürme zu kommen.
Das Wattenmeer, das sich vor der deutschen und niederländischen Nordseeküste erstreckt, ist ein eigenartiges Zwischending – es ist Meer und Land in einem. Bei jeder

Ebbe fallen weite Teile trocken; dann erstrecken sich fester Sand oder auch Flächen des tückischen, alles verschlingenden Triebsandes, wo zur Flutzeit die Wasser der Nordsee sind. Dann kann man viele der vorgelagerten Inseln fast trockenen Fußes erreichen; denn nur größere oder kleinere Priele (flußähnliche Wasserläufe) führen bei Ebbe Wasser hinaus in die See. Kommt die Flut, so führen die Priele das Wasser zurück ins Watt, bis dieses ganz unter Wasser steht; von den Außenbänken her rückt gleichzeitig der Saum der Brandung tiefer und tiefer ins Land. Wehe dem Wattwanderer, der sich dann nicht rechtzeitig auf höheren Grund rettet. Das Watt ist tief genug, einen Menschen ertrinken zu lassen; für die Schiffahrt hingegen ist es an vielen Stellen zu flach.
Es ist ein atemberaubender Anblick, eine lange Dünungswoge herankommen zu sehen; es ist, als nähere sich unter der Wasseroberfläche ein kraftschwellendes, riesiges Fabelwesen. Und wenn eine solche Woge in flaches Wasser kommt... Eine Woge schwingt ja auch nach unten aus; fehlt die hierfür erforderliche Tiefe, so steigt die Woge immer weiter und steiler empor. Ihr Kamm bricht – aus der Woge ist eine der gefährlichen Grundseen geworden. Die Kraft, die in einer großen Grundsee steckt, reicht aus, selbst ein modernes Schiff aus Stahl kurz und klein zu schlagen.
Auch Schiffe, die das Wattenmeer bereits hinter sich haben, müssen schon ziemlich weit draußen in See stehen, wenn ihnen bei Sturm aus westlichen oder nördlichen Richtungen das Watt nicht doch noch zum Verderben werden soll. Bei jedem Sturm laufen einige besonders große Wellen auf. Es kann geschehen, daß eine solche Welle draußen auf See kleinere Schiffe, insbesondere besegelte Fahrzeuge, mit sich nimmt. Sie »kleben« dann an der Vorderfront der See. Sie machen keine Fahrt mehr durchs Wasser und sind damit steuerlos geworden. So geht es unaufhaltsam den Außenbänken des Watts entgegen.
Die Schiffe der Classis augustä germanicä waren besegelte Ruderschiffe. Sie gerieten im und vorm Wattenmeer in einen heftigen Sturm, vielleicht gar in einen Orkan. Schreckliche Szenen spielten sich an Bord der schwer beladenen Schiffe ab. Brüllende Menschen, wild auskeilen-

Römisches Lastschiff. Modell.

de Pferde... Sie hingen an der Vorderfront einer besonders großen Woge. Schon schimmerte durch die Dunkelheit die Brandung auf den Außenbänken herüber. Mit schrecklichem, hohlem Schnarchen stieg die Wasserwand hinter ihnen immer höher empor. Dann brach der Wellenkamm, dann war es, als hingen über dem Schiff die Zähne eines gräßlichen, weit aufgerissenen Rachens. Als das Schiff mit einem schrecklichen Stoß auf Grund geschleudert wurde, schnappte der Rachen zu.

Es war ein Gottesgericht. Es war eine Schlacht, die von den Göttern der Germanen gegen die Legionen des Imperium Romanum geschlagen und gewonnen wurde. In der Literatur gibt es keinen Beweis dafür, daß Arminius mit seiner Verzögerungsstrategie dieses Gottesgericht bewirken

wollte. Doch wenn man sich vor Augen hält, mit welcher Weitsicht der Cherusker alle seine Aktionen betrieb, wie gut er es verstand, alle für ihn günstigen Faktoren zu berücksichtigen, so ist man versucht anzunehmen, daß er sich endlich auch den Sturmgott Thor zum Verbündeten machte. Jedenfalls – den Römern, auch dem Germanicus, erschien das Unglück der Flotte wie eine verlorene Schlacht.
Die Trireme (Schiff mit drei Ruderreihen übereinander auf jeder Seite), auf der sich Germanicus befand, landete an der Küste des Chaukenlandes. All die Tage und Nächte auf den Klippen und Küstenvorsprüngen hatte (Germanicus) die Schuld an dem schrecklichen Unglück sich selber vorgeworfen, und kaum hatten ihn seine Freunde abgehalten, in den Fluten den Tod zu suchen.
(Tacitus, Annalen – II. Buch, Kapitel 24)
Und wie empfanden die Germanen?
Indessen ermutigte die Kunde vom Verlust der Flotte die Germanen erneut zum Krieg – –
(Tacitus, Annalen – II. Buch, Kapitel 25)
So war mit einem Schlag der Erfolg des ganzen Feldzuges in Frage gestellt. Noch im gleichen Jahr mußte der Cäsar Germaniens erneut ins Feld ziehen. Da war es nur gut, daß er einen großen Teil des Heeres über Land nach Hause geschickt und somit unversehrt zur Verfügung hatte. Von einer weiteren Heimsuchung des Cheruskerlandes konnte bei der fortgeschrittenen Jahreszeit freilich keine Rede sein. Ohnehin fanden sich unmittelbar vor den Toren der Winterlager Feinde genug. Die Chatten rüsteten zum Kampf; ihnen warf Germanicus 30 000 Mann Infanterie und 3000 Reiter unter dem Legaten Silius entgegen. Er selber rückte mit den Legionen ins Land der schon so oft heimgesuchten Marsen – an die vierzigtausend gegen vielleicht fünftausend Mann! Da erscheint es wohl doch recht ruhmredig, wenn Tacitus die Germanen sagen läßt:
»Die Römer sind unbesiegbar; kein Schicksalsschlag kann sie beugen. Obgleich sie die Flotte verloren, ihre Waffen eingebüßt haben, obgleich die Küste mit Pferden und menschlichen Leichen bedeckt ist, fallen sie jetzt mit derselben Tapferkeit und unverminderter Wucht und, wie man meinen

möchte, vermehrten Truppenzahl in unser Land ein!«
Der Kaiser Tiberius scheint dann ja auch die Sachlage etwas anders als Tacitus gesehen zu haben. – Dreißig Jahre lang insgesamt hatten er selber, sein Bruder Drusus Germanicus, Varus, Julius Germanicus und andere mehr versucht, Germanien bis zur Elbe unter römische Herrschaft zu bringen. Mit dem Jahr 16 brach Tiberius dieses Vorhaben ab. Er rief seinen Adoptivsohn nach Rom zurück. So erwies sich der Kampf der II. Legion und der Kampf der XIV. Legion mit den Fluten im Herbst des Jahres 15 n. Chr. für die Römer schließlich als ein schlechtes Omen.

Ausklang

Die Römer hatten ihre Eroberungspolitik eingestellt. Das bedeutete nicht, daß sie alle ihre Stützpunkte östlich des Rheins mit dem Jahre 16 aufgelassen hätten; bei den Friesen zum Beispiel existierte ein römischer Vorposten bis ins Jahr 47 n. Chr. Die römischen Truppen aber, die im Jahre 16 von der Weser nach Aliso marschierten, waren die letzten regulären römischen Verbände, die jemals durch diese Landstriche zogen.
Die Siegesmale auf dem Mägdefeld und am Grenzwall der Angrivarier dürften sehr schnell germanischer Rache zum Opfer gefallen sein. Der im Jahre 15 errichtete Grabhügel über den Gebeinen der in der Varusschlacht Gefallenen war bereits im Frühjahr 16 zerstört worden und sank nun vollends in sich zusammen. Erneut wuchs Buschwerk auf den Straßen der Legionen.
Man weiß heute nicht mehr, wie und wann Aliso zugrunde ging. Vielleicht setzten die abziehenden Römer selber die Gebäude in Brand – nötig wäre es nicht gewesen; denn solche Anlagen waren für die Germanen ohne Wert. Mag also sein, daß noch eine Zeitlang die verödeten Kasernen und Vorratshäuser hinter überwuchertem Wall und Graben standen.
Was aber wurde aus den Menschen, deren Namen in den beiden ersten Jahrzehnten nach der Zeitenwende von so

großer Bedeutung waren? – Am 26. Mai des Jahres 17 n. Chr. erlebte Rom ein besonders prächtiges Schauspiel. Im Triumph zog Julius Cäsar Germanicus in die Stadt. Beutestücke, Gefangene, Darstellungen der für die Feldzüge in Germanien bedeutsamen Flüsse, Berge und Schlachten wurden im Triumphzug mitgeführt. Den Cäsar begleiteten seine fünf Kinder – zwei Mädchen und drei Jungen, von denen einer, Gaius Caligula (Soldatenstiefelchen), Nachfolger des Tiberius werden sollte.

Das Volk von Rom jubelte dem Triumphator zu; Julius Germanicus war ja beliebt wie kaum einer sonst. Doch seine besten Freunde konnten sich an dem Jubel nicht freuen. Sie dachten an ein Sprichwort, das sich schon an Drusus, dem Vater des Julius Germanicus, bewahrheitet hatte: Die Liebe des römischen Volkes bringt Unheil und frühen Tod! Das sollte auch für den Triumphator des Jahres 17 gelten. Im folgenden Jahr trat er eine Reise in den Orient an. Dort starb er ein Jahr später nach qualvoller Krankheit. Er war 34 Jahre alt. Allgemein nahm man an, daß ihn der Statthalter von Syrien namens Piso und dessen Frau Placina vergiftet hätten. Manche waren sogar der Meinung, daß der Tod des so beliebten Prinzen seinem Adoptivvater Tiberius nicht ungelegen gekommen wäre.

Im Triumphzug des Germanicus war als eine der vornehmsten Gefangenen Thusnelda, die Gattin des Arminius, mitgeführt worden. Sie hatte schon bald nach ihrer Gefangennahme einem Sohn das Leben geschenkt und ihm den Namen Turmelicus gegeben. Ihre Spur verliert sich mit dem Jahr 17; von ihrem Sohn berichtet Tacitus, der Knabe sei in Ravenna erzogen worden. Der Historiker verspricht im ersten Buch seiner Annalen, später mehr vom Schicksal des Turmelicus zu berichten. Aber der diesen Bericht aller Wahrscheinlichkeit nach enthaltende Teil der Annalen ist verlorengegangen. Bleibt nur der Hinweis »in Ravenna erzogen«. Er ist bedeutsam genug! – In Ravenna befand sich eine Schule, in der Knaben zu Gladiatoren ausgebildet wurden. Man lehrte sie den Gebrauch der verschiedenen Waffen. Man zeigte ihnen auch, wie sie »mit Anmut zu sterben« hätten. Mußte der Sohn des Arminius sein noch junges Leben unter den Augen blutgieriger Zuschauer im Zirkus beschließen? – Man weiß nicht, wo seine Gebeine bestattet wurden. Das weiß man auch nicht von seinem Vater Arminius ...

Nachdem sich die Römer zurückgezogen hatten, war der Ruhm des Arminius größer als je zuvor. Er hatte Schlachten gewonnen und oft auch verloren. Doch sein Kriegsziel war es gewesen, den Vormarsch der Römer zum Stehen zu bringen. Das war ihm gelungen. Und so hatte er den Krieg gewonnen. Er war aber nicht der Mann, der sich auf seinen Lorbeeren ausgeruht hätte.

Es gab unter den germanischen Fürsten in jener Zeit nur noch einen, den man dem Cherusker als annähernd gleichrangig ansehen konnte – Marbod, den König der im späteren Böhmen siedelnden Markomannen. Er war ein recht tüchtiger Feldherr; allerdings tadelt Tacitus seine außergewöhnlich große Sorge um die eigene Sicherheit. Es verstand sich fast von selbst, daß Arminius einen solchen Mann nicht lange neben sich dulden würde. Im Jahre 17 kam es irgendwo in der Lausitz zur Schlacht. Arminius behauptete das Feld. Der Weg zur höchsten Höhe schien für ihn frei. Da stellten sich ihm die eigenen Stammesgenossen in den Weg – –

– er focht mit wechselndem Glück und fiel durch die Arglist seiner Verwandten.
(Tacitus, Annalen – II. Buch, Kapitel 88)

Bis auf den heutigen Tag wird diese »Arglist« als Neid gegenüber wahrer Größe gedeutet. Aber war Arminius wahrhaftig der hochherzige Edelmensch, als welcher er verherrlicht wird? – Man kann es wenden, wie man will: sein Verhalten gegen den Varus zeugt von erschreckender Hinterhältigkeit. Varus aber gehörte immerhin zu den führenden Männern Roms; er hatte sich im Intrigenspiel der römischen Oberschicht behauptet, konnte also kein unbedarfter Tölpel gewesen sein. Wenn es dem Cherusker gelang, einen solchen Mann zu täuschen, mußte er selber im heimtückischen Intrigenspiel sehr große Erfahrung gehabt haben!

Er war gewiß kein gütiger oder umgänglicher Mensch!

Woher sonst auch der glühende Haß, den schließlich alle seine Verwandten gegen ihn empfanden? Selbst Inguiomerus, der zur Zeit der Kämpfe gegen die Römer ein standhafter, wenngleich nicht einfach zu behandelnder Kampfgefährte gewesen war, stand bei der Schlacht in der Lausitz auf Seiten der Markomannen. Doch wie auch immer der Charakter des Arminius gewesen sein mag – ein großer Mann war er gewiß!
Er war unbestritten der Befreier Germaniens und hat dem römischen Volk Fehde angesagt, nicht in der Zeit schwacher Anfänge, sondern auf der Höhe weltbeherrschender Macht (Roms).
(Tacitus, Annalen)
Heute steht sein Denkmal nahe der Dörenschlucht – dem Ostpaß – im Teutoburger Wald. Es wird ihm kaum gerecht. Vielleicht aber gibt es ein viel besseres Denkmal für ihn als jenes steinerne Bild?
Die nordische, jedoch ursprünglich in Deutschland beheimatete Thidreksage verlegt den Ort, an welchem Siegfried den Drachen erschlug, in die Gegend der Varusschlacht.
Die Stadt Xanten – Vetera – spielte in der Geschichte nur einmal eine Rolle: zur Zeit, da an ihrem Platz das Standlager des unteren römischen Heeres war. In der Nibelungensage hat sie ebenfalls Bedeutung.
Der Cheruskerfürst hieß in Wahrheit weder Hermann noch Arminius. Sein Vater hieß Segimund. Segestes war ihm nicht nur als Schwiegervater verwandt. Und der Bruder des Segestes hieß Segimer. Zu jener Zeit aber war es üblich, daß alle männlichen Glieder einer Sippe den gleichen Anfangsbuchstaben im Vornamen hatten. – Hat er in Wahrheit Siegfried oder Sigurd geheißen? Dann wären der Drache Fafnir der Nibelungen ursprünglich der eisengepanzerte Heerwurm der Legionen und der Drachenkampf des Siegfried die Varusschlacht gewesen!
Noch eins: Hagen, der Mörder Siegfrieds, war einäugig. Auch Flavus hatte ein Auge verloren. Hatte der Explorator beim Tode seines Bruders die Hand im Spiel? Führte vielleicht er selber den tödlichen Stoß?

Anhang

Germanien – Land und Leute und kurze historische Zusammenfassung

Einen großen Teil Germaniens bedeckte Urwald. Bayerischer Wald, Fichtelgebirge, Frankenwald, Thüringer Wald und der Harz – sie hingen zusammen und bildeten den sogenannten Hercynischen Wald, dessen Name ja heute noch in dem Wort »Harz« wiederzuerkennen ist. Von diesem großen Wald erstreckten sich zum Beispiel mit dem Weser- und dem Wiehengebirge, dem Teutoburger Wald, dem Arnsberger- und dem Westerwald, auch dem Taunus und dem Vogelsberg Ausläufer nach Westen bis hin zum Rhein. Nördlich des großen Waldes, auf seinen Lichtungen und zwischen den Ausläufern lagen die Siedlungsgebiete der Germanen. Man kann sich das Aussehen dieser Gebiete wohl ähnlich dem der heutigen Lüneburger Heide vorstellen. Die Germanen waren ja vorzugsweise Viehzüchter; und Schafe bildeten den Hauptbestandteil ihrer Herden. Die Lüneburger Heide aber ist eine durch die Schafzucht geprägte und für diese typische Kulturlandschaft. Schafe vernichten den Wald. Ohne Schafe gäbe es die Lüneburger Heide nicht; sie würde ohne diese sofort verwalden.

Zu der Zeit, von der in diesem Buch die Rede ist, siedelten die Tencterer, die Usipeter und Tubanten im Westerwald und im Siegerland. Die Chatten hatten das heutige Nordhessen inne. Nördlich der Chatten und ostwärts der eingangs genannten Völkerschaften hausten entlang der Lippe die Marsen. Ihre Nachbarn waren im Norden, rechts und links der Ems, die großen und die kleinen Bructerer. Westlich der Weser war das Küstengebiet von den Friesen, ostwärts des Stromes von den Chauken besetzt. Südlich von diesen hausten rechts und links der Weser die Angrivarier, an die sich – noch weiter nach Süden – die Cherusker anschlossen. In West-Ostrichtung erstreckte sich das Cheruskerland von der Weser und den Lippequellen bis in den Harz. Die Hermunduren endlich saßen im Gebiet südlich des Harzes bis über den Main hinab. Die einzelnen Völker umfaßten jeweils an die 25000 Seelen. Größere Völkerschaften, wie z. B. die Marsen, Bructerer, Angrivarier, Chauken und Cherusker, waren Völkerbünde. Insgesamt dürfte um die Zeitenwende im Gebiet zwischen Rhein und Elbe, Main und Nordsee etwa eine Million Menschen gelebt haben; dabei sind einige oben nicht erwähnte Völker – wie etwa die in der Lüneburger Heide siedelnden Langobarden – mitgezählt.

Zum ersten Mal überschritt im Jahre 55 v. Chr. ein römisches Heer unter Julius Cäsar den Rhein. Ebenso wie sein gleiches Unternehmen im Jahre 53 v. Chr. war es nur ein kurzer Vorstoß. Erst unter Augustus wurde die Eroberung Germaniens ernsthaft betrieben. Augustus nämlich wollte die römische Grenze vom Rhein bis an die Elbe vorschieben und damit verkürzen. Besonders tätig war unter ihm zu Anfang sein Adoptivsohn Nero Claudius Drusus. Er baute den nach ihm benannten Kanal vom Rhein zur Nordsee, er fuhr per Schiff bis zur Elbemündung und errichtete Militärposten entlang der Küste. Auch baute er Kastelle im Chattenland. Und wahrscheinlich gründete er Aliso.

Bei seinen Zügen über Land benutzte er, wie alle römischen Feldherren, die Flüsse als Nachschubstraßen. So ist es wahrscheinlich, daß er weser- und werraaufwärts marschierte, daß er sodann die nur durch einen schmalen Streifen Landes von der Werra getrennte Unstrut als Nachschublinie benutzte, um entlang der Saale wieder die Elbe und damit die über See gekommene Flotte zu erreichen. Dabei hatte er natürlich Kämpfe zu bestehen. Einmal wurde er von feindlichen Germanen im Lager eingeschlossen – wie später Cäcina an den Langen Brücken. Wie dieser befreite er sich durch einen Ausfall im rechten Augenblick. Kann sein, daß Cäcina an diesen Kämpfen teilnahm und sich an den Langen Brücken nach diesen Erfahrungen richtete.

Der spätere Kaiser Tiberius – ebenfalls Adoptivsohn des Augustus – setzte nach dem Tod des Drusus dessen Züge fort. Da aber auch seine Vorstöße letztlich nur Erkundungen waren, fand auch er nur sporadischen Widerstand. Unter Varus aber wurde zum ersten Mal massiv die Eroberung versucht. Sein Nachfolger in dieser Beziehung war Julius Cäsar Germanicus, der Sohn des Drusus. Die Niederlage des Varus nämlich war insofern entscheidend für das endliche Scheitern der römischen Eroberungspolitik, indem sie die Germanen lehrte, daß die Römer nicht unschlagbar waren – in diesem Sinne ist der Untertitel dieses Buches gemeint; doch stimmt es einfach nicht, wenn in Geschichtswerken, auch in Schulbüchern, geschrieben steht, nach der varianischen Niederlage hätten die Römer ihre Eroberungspolitik aufgegeben und nurmehr Rachefeldzüge in Germanien unternommen. Gerade unter Germanicus setzten sie ja ihre stärksten Kräfte ein – acht Legionen in den Jahren 15 und 16 (gegenüber drei Legionen im Jahre 9)!

Erläuterungen:

I. Zur Varusschlacht:
Der heutige Teutoburger Wald hat seinen Namen erst in neuerer Zeit bekommen. Er ist also nicht ohne weiteres mit dem Saltus teutoburgiensis der Römer gleichzusetzen.
Über die Schlacht im Teutoburger Wald gibt es mehr als 700 Theorien. Die bekannteren Forscher lokalisieren das Geschehen
1. in der Gegend nordöstlich von Osnabrück;
2. im heute sogenannten Teutoburger Wald nördlich von Paderborn;
3. im Arnsberger Wald zwischen Paderborn und dem Rhein.
Der Verfasser dieses Buches meint, daß die Schlacht nördlich von Paderborn in der Gegend der Dörenschlucht – des Ostpasses – geschlagen worden sei. Er will seine Ansicht nun begründen. Dafür ist es zunächst erforderlich, den Ort des Sommerlagers im Jahre 9 zu bestimmen.

A. Das Sommerlager: Die Römer konnten bei ihren Feldzügen in Germanien nicht aus dem Lande leben, das heißt: sie mußten allen Nachschub von ihren Standlagern am Rhein, also zum Beispiel von Vetera (Xanten) heranbringen. Dafür war der Schiffstransport besonders wichtig, weil besonders leistungsfähig. Das Lager des Varus mußte also an einem für Schiffe oder Kähne besonders gut zugänglichen Ort liegen. Das war der Ort des heutigen Minden. Diesen Ort konnten Seeschiffe von Norden her erreichen – was für Plätze südlich der Porta Westfalica nicht gilt, weil die Stromschnellen in der Enge die Weiterfahrt verwehrten. Zudem verläuft die Weser südlich der Porta in weitem Bogen nach Osten, so daß sie an keinem Punkt des Oberlaufes der Gegend Paderborn näher ist als bei Minden selbst. Bei Paderborn aber endete die Wasserstraße der Lippe.
Die Lippe (Lipsia) ist im heutigen Sinne kein schiffbarer Fluß, doch bis in die Gegend von Schloß Neuhaus bei Paderborn war sie an 200 Tagen im Jahr von Kähnen bis 45 Tonnen Last gut oder zumindest einigermaßen gut zu befahren. Diese Gegend ist von Minden nur annähernd 70 Kilometer entfernt. Ein Lager bei Minden war somit auch über die Lippe recht gut zu erreichen. Bei Neuhaus lag demnach ein Magazin, das von einem Kastell geschützt wurde.

B. Ort der Schlacht: In seiner Römischen Geschichte, Band 56, 22. Kapitel berichtet Dio Cassius vom Marsch des varianischen Heeres:
– – *auch führten sie viele Wagen und Lasttiere mit sich wie in Friedenszeit, überdies begleiteten sie nicht wenige Kinder und Weiber und ein zahlreicher Troß, so daß sie auch deshalb schon ohne Ordnung und zerstreut marschierten.*
Wäre nun Varus zum Kampf in die Gegend nordöstlich von Osnabrück gezogen, so hätte er gewiß nicht den ganzen Troß mit sich genommen, vielmehr zumindest die Frauen und Kinder über seine Hauptverbindungsstraße in Richtung Paderborn geschickt. Ihre Anwesenheit auf dem Marsch macht nicht nur die Schlachtorte der ersten, sondern auch jene der zweiten Gruppe in der Gegend des Arnsberger Waldes unwahrscheinlich. Bei einem Kampf im Arnsberger Wald nämlich hätte Varus auf dem Marsch zur Schlacht das oben genannte Lippekastell berührt. Abgesehen davon, daß keine Überlieferung davon etwas erwähnt, hätte er in diesem Falle Frauen und Kinder im Kastell zurückgelassen. Es bleibt demnach allein: die Schlacht muß auf der Verbindungslinie zwischen dem Lippekastell und dem Sommerlager stattgefunden haben.

Auf dieser Linie gibt es zwei für einen Marschüberfall besonders geeignete Plätze – den Ostpaß und die Porta Westfalica. Nach aller Überlieferung ist das Heer erst nach einigen Tagen Marsch angegriffen worden; womit die Porta Westfalica entfällt und nur die Dörenschlucht bzw. der Ostpaß übrig bleibt. Die Kämpfe mögen sich dann bis zu dem nur wenige Kilometer von der Dörenschlucht entfernten Ort Stapelage hingezogen haben. Einige hinter die germanischen Linien geratene römische Verbände mögen sich auch bis zur Gauseköte verirrt haben. Beide Orte werden von manchen als Kampforte genannt.

II. Lage des Kastells Aliso:
Das oben erwähnte, bei Neuhaus gelegene Kastell wird in der auf uns gekommenen Literatur niemals direkt als Aliso bezeichnet. Tacitus aber schreibt in seinen Annalen über die Operationen im Frühjahr 16:
Das ganze Gebiet zwischen dem Kastell Aliso und dem Rhein wurde durch neue Grenzwege und Dämme befestigt. (II. Buch, 7. Kapitel).
Dies war nur dann sinnvoll, wenn Aliso der Endpunkt der Lippestraße, also das Kastell bei Neuhaus war. Daß hier aber der Lagerpräfekt Lucius Cädicius kommandierte, ergibt sich nach Dio Cassius und Velleius Paterculus. Dio Cassius berichtet, daß sich nach der Niederlage des Varus nur ein Kastell ostwärts des Rheins noch eine Zeitlang gehalten habe. Und Velleius Paterculus erwähnt lobend, daß sich nach der Schlacht Lucius Cädicius in dem von ihm kommandierten Kastell erfolgreich verteidigt habe.

III. Zum Schiffstransport im Jahre 16:
Nach Tacitus zählte die Flotte tausend Schiffe.
Römische Seeschiffe hatten im allgemeinen eine Tragkraft von 100 bis 300 Tonnen. Es gab allerdings noch größere Schiffe – das alexandrinische Lastschiff ISIS zum Beispiel mit 1600 Tonnen. Alle diese Schiffe aber waren reine Segelschiffe – im Wattenmeer und auf Flüssen kaum zu gebrauchen. Die Schiffe des Germanicus müssen mit Hilfssegeln versehene Ruderschiffe von einer Länge zwischen 20 und 25 Metern, von einer Breite zwischen 4 und 5 Metern und einer Tragkraft von durchschnittlich 150 Tonnen gewesen sein. Die Flotte konnte demnach rund 150000 Tonnen befördern.
Das Heer zählte rund 127000 Mann (kriegsfähige Männer und Troß), 6650 Tragetiere und etwa 62 300 Pferde. Es verbrauchte täglich an die 820 Tonnen Proviant. Rechnet man mit einer Dauer des Feldzuges von 100 Tagen, so waren zum Transport des Proviants 547 Schiffe erforderlich, blieben also 453 für Mann und Tier. Tacitus schreibt:
Er (Germanicus) sandte die Vorräte voraus, verteilte die Schiffe unter die Legionen und bundesgenössischen Truppen, fuhr in den sogenannten Drususgraben ein... und durchkreuzte dann glücklich die Seen und den Ozean bis zur Ems. Am linken Ufer der Emsmündung ließ er die Flotte zurück. (Annalen, II. Buch, Kapitel 8).
Diese Stelle läßt vermuten, das ganze Heer sei per Schiff transportiert worden. Dann wären auf ein Schiff mit höchstens 25 Meter Länge und 5 Meter Breite rund 280 Mann, 130 Pferde und 15 Tragtiere gekommen. Das ist schlechterdings unmöglich. Römischen Legionären konnte man uns Heutigen fast unglaublich erscheinende Unbequemlichkeit und Entbehrungen zumuten – stapeln aber ließen auch sie sich nicht.
Wurden hingegen nur zwei kriegsstarke Legionen per Schiff transportiert, so kamen aufs Schiff an die 50 Mann. Das ist denkbar.
Manche glauben, daß, zusammen mit der Truppe, an der Emsmündung der Proviant ausgeladen worden sei. Tacitus sagt das nicht. Er sagt von der Proviantflotte nur, sie sei vorausgeschickt worden – nicht, wohin. Eine Ausladung des Proviants an der Emsmündung wäre denn ja auch ein Akt militärischen Schwachsinns gewesen! Man nehme eine Karte zur Hand und messe nach: von der Emsmündung zum Lager bei Minden war es nicht näher als von Vetera dorthin. Warum dann überhaupt der Schiffstransport zur Mündung der Ems? Es wäre auch nicht vernünftig gewesen, den Proviant emsaufwärts etwa bis in die Gegend des heutigen Meppen zu fahren. Hätte man nämlich von Meppen aus das bei Minden lagernde Heer über Land versorgen wollen, so hätte man dafür ca. 46000 Tragtiere gebraucht – selbst dann, wenn man den Proviant noch ein Stück weit mit Kähnen haseaufwärts gebracht und ein Zwischenmagazin angelegt hätte.

Fazit: der Proviant wurde per Schiff weseraufwärts bis Minden gebracht, abzüglich des Anteils für die an der Emsmündung zurückbleibenden Schiffsmannschaften der zum Transport der Mannschaften dienenden Flotte. Daß die Truppe selber aber an der Emsmündung ausgeladen wurde, hatte guten Grund. Eine Kolonne, auch eine Schiffskolonne, kommt um so schneller voran, je kürzer sie ist. Mit der Ausladung der per Schiff transportierten beiden Legionen an der Ems gewann man also Zeit für den Aufenthalt im eigentlichen Operationsgebiet.

Einige für dieses Buch wichtige Personennamen

AHENOBARBUS L. Domitius – römischer Statthalter am Rhein um die Zeitenwende, Großvater des Nero. Er erbaute die Langen Brücken.
ARMINIUS (18 v. Chr. - 19 (?) n. Chr.) – Cheruskerfürst. Sein germanischer Name ist unbekannt; er könnte »Siegfried« oder »Sigurd« gewesen sein. Arminius schlug den Römer 9 n. Chr. im Teutoburger Wald und verhinderte in den Jahren 15 und 16 n. Chr. die von den Römern erneut und mit größten Mitteln versuchte Eroberung Nordwestgermaniens.
AUGUSTUS Julius Cäsar Octavianus (63 v. Chr. - 14 n. Chr.) – erster römischer Kaiser (Princeps). Sein Ziel war es, Germanien bis zur Elbe zu erobern.
ASPRENAS Lucius Nonius – Neffe des Varus. Er befehligte im Jahre 9 n. Chr. eine größere, im Lager an der Lippe (Haltern) stehende römische Einheit und verstand es, sich der Vernichtung durch die Germanen zu entziehen.
CÄCINA – Legat des Germanicus. Er befehligte im Jahre 15 n. Chr. das sogenannte »untere«, um Vetera (Xanten) stationierte römische Heer in der Schlacht an den Langen Brücken.
CÄDICIUS Lucius – Kommandant des Kastells Aliso. Er verteidigte nach der Niederlage des Varus seinen Posten und brach schließlich zum Rhein durch.
CEJONIUS – Offizier unter Varus. Er empfahl, sich den Germanen zu ergeben.
DRUSUS Nero Claudius (38 v. Chr. - 9 n. Chr.) – Vater des Germanicus, Adoptivsohn des Augustus. Er war römischer Befehlshaber am Rhein und drang als solcher am weitesten ins Innere Germaniens vor.
EGGIUS Lucius – Offizier unter Varus. Er empfahl Widerstand bis zum Letzten.
FLAVUS (der Blonde) – jüngerer Bruder des Arminius. Er war ein römischer Explorator (Kundschafter) und seinem älteren Bruder sehr feindlich gesinnt.
GERMANICUS Gajus Julius Cäsar (15 v. Chr. - 19 n. Chr.) – Sohn des Drusus, Adoptivsohn des Kaisers Tiberius. Er war römischer Oberbefehlshaber am Rhein von 14–16 n. Chr. und damit der Gegenspieler des Arminius in diesen entscheidend wichtigen Jahren.
INGUIOMERUS – Cheruskerfürst, Onkel des Arminius. Er kämpfte mit Arminius in den Jahren 15 und 16 n. Chr. gegen die Römer. Später waren beide grimmig verfeindet.
SEGESTES – Cheruskerfürst, Schwiegervater des Arminius. Er war einer der schärfsten Widersacher des Arminius und warnte den Varus im Jahre 9 vor seinem Schwiegersohn. In den Jahren 15 und 16 n. Chr. stand er ebenfalls auf Seiten der Römer und versuchte, die Cherusker gegen Arminius aufzuhetzen.
SEGIMER – Cheruskerfürst, Bruder des Segestes (Tacitus, Annalen, I. Buch, Kapitel 71). Manchmal wird auch der Vater des Arminius mit diesem Namen belegt. Segimer stand zunächst auf Seiten des Arminius, ging später über zur Partei des Segestes (Herbst 15).
SILIUS – Legat des Germanicus. Er kommandierte das »obere«, um Mainz konzentrierte Heer.
STERTINIUS – Legat unter Germanicus. Er befehligte in den Jahren 15 und 16 n. Chr. die sich als Plünderer besonders hervortuenden Auxiliarier.
THUSNELDA – Gattin des Arminius. Sie wurde im Jahre 15 n. Chr. von ihrem Vater den Römern ausgeliefert.
TIBERIUS Claudius Nero (42 v. Chr. - 37 n. Chr.) – Adoptivsohn des Augustus und dessen Nachfolger als römischer Kaiser. Als Augustus noch lebte, kämpfte Tiberius als Nachfolger des Drusus in Germanien. Auch nach der Niederlage des Varus stellte er am Rhein die Lage wieder her. Nach dem Feldzug des Germanicus im Jahre 16 n. Chr.

beendete er mit dem Jahre 17 n. Chr. die Eroberungspolitik der Römer in Germanien.
TURMELICUS – Sohn des Arminius. Er wurde in römischer Gefangenschaft geboren. In Ravenna als Gladiator ausgebildet, starb er wahrscheinlich als solcher.
VALA NUMONIUS – Legat des Varus. Er fiel im Teutoburger Wald. Posthum wurde er der Feigheit beschuldigt – wahrscheinlich zu Unrecht.
VARUS Quinctilius – römischer Statthalter am Rhein. Er hatte, wie jeder Statthalter, in dessen Gebiet mehr als eine Legion stationiert war, den Rang eines Konsuls. Er wurde im Jahre 9 n. Chr. von Arminius vernichtend geschlagen.
VITELLIUS – Legat des Germanicus. Er geriet mit zwei Legionen im Jahre 15 n. Chr. an der Nordseeküste in eine Sturmflut.

Die wichtigsten militärischen Begriffe

ALE – Einheit der römischen Reiterei, 500 Mann stark.
AUXILIARIER, AUXILIARVERBAND – Hilfstruppen, die sich aus Bewohnern römischer Provinzen und aus Angehörigen verbündeter Völkerschaften rekrutierten.
CENTURIE – ein Centurio der untersten Klasse führte eine Centurie, er wird manchmal als Unteroffizier in der Dienststellung eines Hauptmannes bezeichnet. Es gab aber auch Centurionen höherer Klasse. Ein Primuspilar zum Beispiel war ebenfalls Centurio, führte aber größere Truppeneinheiten. Er ist eher einem Obersten als einem Hauptmann zu vergleichen.
GLADIUS – das Kurzschwert der römischen Fußtruppen, ungefähr 65cm lang. Das oftmals von Reitern benutzte Langschwert wurde Spatha genannt.
HUNNO – Dorfältester einer germanischen Siedlung. Er führte beim Volksaufgebot die zur Dorfgemeinschaft gehörenden Männer in den Kampf.
KOHORTE – als selbständiger Verband war sie die größte taktische Einheit der Auxiliarier – bis zu 1000 Mann. Sie war aber auch Untereinheit der Legion.
LEGAT – entspricht dem heutigen General.
LEGION – in ältester Zeit das gesamte Heeresaufgebot der Stadt Rom in Stärke von 3000 Mann. Später war sie die größte taktische Untereinheit eines römischen Heeres und zählte um die 6000 Legionäre. Sie war unterteilt in zehn Kohorten. Jede Kohorte hatte drei Manipel zu je zwei Centurien.
Die in erster Linie – im ersten Treffen – einer Legion kämpfenden beiden Centurien bildeten das Hastatenmanipel. An sich war Hasta eine lange Lanze, wie sie von den Reitern getragen wurde. Vielleicht war der Name Hastat für die Kämpfer des ersten Treffens eine Erinnerung an älterer Zeit, in der – nach Livius – die Kämpfer der ersten Linie lange Stoßlanzen trugen.
Im zweiten Treffen stand das Manipel der Principalier. Die beiden Centurien des dritten Treffens formierten das Manipel der Triarier.
OPTIO – Feldwebelrang. Zwischen dem gemeinen Soldaten und dem Führer einer Kohorte gab es achtzig Ränge.
PILUM – Speer der Legionäre. Um die Zeitenwende trugen die Legionäre zwei Speere. Zunächst wurde der leichtere geschleudert. Der schwerere Speer hatte eine sehr lange, nach unten konisch verbreiterte Spitze.
PORTA DECUMANA – eines der insgesamt drei Nebentore eines römischen Lagers.
PORTA PRÄTORIANA – Haupttor des Lagers. Von ihr führte die Via prätoriana zum
PRÄTORIUM – Wohnung und Dienstsitz des Lagerpräfekten (Kommandanten).
TRIBUN – höherer Offizier. Als Tribunus legionis gehörte er zum Stab einer Legion. Als Tribunus cohortis führte er eine Kohorte von 1000 Mann.
TUBA – das typische römische Blasinstrument.
TURME – Reiterzug, kleinste taktische Einheit der Reiterei.